워킹 위드 지저스

워킹 위드 지저스

2022년 8월 24일 초판 1쇄 발행

지은이 | 김판임
펴낸이 | 김영호
펴낸곳 | 도서출판 동연
등 록 | 제1-1383호(1992. 6. 12)
주 소 | 서울시 마포구 월드컵로 163-3
전 화 | (02)335-2630
전 송 | (02)335-2640
이메일 | yh4321@gmail.com

ISBN 978-89-6447-790-8 03230

워킹
위드
지져스

walking with Jesus

김판임 지음

동연

■ 일러두기
본문에 인용한 성서 구절은 개역개정판을 기준으로 실었으나 글의 흐름에 따라 저자
가 의역하여 변경한 곳도 있다.

covid-19로 인해 우리의 삶이 바뀌었다. 그동안 우리는 남과 북으로 나누어 지낸 지 76년째, 한국전쟁(1950~1953년)으로 인해 더욱 첨예하게 대치된 한반도 정세에서 경제 개발을 외치며 수십 년간 일하는 기계처럼 살았고, 경제적인 부를 어느 정도 쌓았다. 한국교회는 "예수 구원, 불신 지옥"이라는 슬로건으로 사람들을 위협하며 교회로 불러 모았고, 심지어 "예수 믿으면 부자됩니다"라는 말까지 내세우며 전도했다. 교회는 예수 믿는다는 게 무슨 의미인지도 모르는 사람들로 가득 찼고, 모두 부유해졌다. 사실 기독교인들만 부자가 된 것은 아니다. 한국 사회 전체 경제 규모가 커졌듯이 예수를 믿든 믿지 않든 상관없이 대체로 한국 사람들은 부유해졌다. 한반도가 갈라져 있으니, 답답해서 비행기 타고 세계 여행도 많이들 다녔다. 이것저것 많이도 사 왔다. 세계적인 경제대국 G7도 이제 한국을 무시하지 못한다. 한국의 위상이 높아졌다. covid-19에 대한 한국 정부 대처방안도 세계적인 관심을 받았고, 진단키트를 전 세계에 수출하는 쾌거를 올리기도 했다.

한편, 모임이란 모임은 금지되었고, 코로나 대응 2단계에서 교회의 예배 모임 등도 제한을 받았다. 현재 진행되는 4단계는 4인까지 모임 가능, 오후 6시 이후 가게들은 문을 닫아야 한다. 교회도 다시 비대면 예배가 의무가 되었다. 처음 이러한 제재를 받을 때 몇몇 교회에서는 종교 탄압이니 하면서 비협조적인 태도를 보이기도 하였다. 그러나 그러면 그럴수록 기독교에 대한 이미지만 나빠졌다. 한국 사회는 점차 이성적이고 합리적인 방향으로 나가고 있는데, 교회와 기독교인들은 이상하게 비상식적인 면이 많다. 길 가다가 아무에게나 불쑥 "예수 믿으세요"라고 소리를 치지 않나, "교회 나가세요"라고 요구를 하지 않나, 기독교인이든 비기독교인이든 이런 소리를 길을 걷다가 느닷없이 들으면 당혹하게 된다. 그뿐만이 아니다. 불상을 훼손하질 않나, 이웃종교와 잘 지내려고 하는 신학자를 이단이라고 몰아세우지 않나, 비상식적이고 심지어 악한 소행까지 겁 없이 하는 기독교인들이 많아질수록 겁이 난다.

2008년 교통사고로 석 달을 입원해 있을 때 나에게 강연 제안이 왔다. 당시 기독여민회(이하 기여민) 총무였던 김숙경 씨가 연락한 것이다. 나는 사실 몸이 회복되지 않았는데, 김숙경 씨도 나도 아랑곳하지 않았다. 기여민이란 여성 기독교 시민단체가 '여성, 민중, 예수'를 기치로 내세우고 있다는 그 말 한마디에 나는 내가 함께 활동할 기관으로 여기고 입회 교육을 받고 가입했다. 그해 말 기여민의 소식지인 「기쁜 소식」에 예수의 말씀을 가지고 우리의 삶을 성찰해보는 글을 실었다. 이 책은 「기쁜 소식」지에 실렸던 15회분까지의 글을 모은 것이고, 16~20회분은 최근에 쓴 것이다 (최근의 글이라 해도 '기쁜 소리'라는 번호를 붙였다). 기독교와 관련 없이 살아온 분이라면 20회 마지막 글부터 읽으셔도 좋으리라 추천드리고, 기독교인이라면 순서에 상관없이 골라 읽으셔도 좋다.

여기 모은 글들은 역사적 예수가 말했거나 들었을 것으로 의심의 여지가 없는 말씀을 중심으로 우리의 삶을 성찰하며 기록한 것이다. 예수의 가르침이 상실되었거나 왜곡된 한국의 교회와 교인들로 하여금 예수의 말씀을 묵상하며, "예수 믿어 복 받는다"는 기복신앙의 차원을 넘어 성숙한 신앙인으로 살아갈 수 있도록 도울 수 있다면 더 이상 여한이 없다.

이 책에 실린 글들은 기독교인이든 불교인이든, 특정 종교를 가지지 않은 사람이든 예수에 관해 관심이 있는 분들을 위한 것이다. 뭔가 이 세상이 잘못 돌아가고 있다고 여기지만, 뭐라고 항거하지 못하는 보통 사람들을 생각했다. 나처럼. 예수의 말씀이 너무나 힘 있고 올바르다고 여길 수 있는 사람, 그의 말을 들으면 이 잘못된 세상을 버틸 수 있을 것 같은 막연한 희망을 지닌 사람들에게 위로가 되길 바란다. 교회가 예수의 말을 잃어버렸거나 왜곡한 지

이미 오래되었다. 신앙인이든 비신앙인이든 누구든지 예수와 그의 말에 관심이 있다면, 이 책은 바로 그분들을 위한 것이다.

2022. 6. 30.

김판임

기독여민회의 소식지인 「기쁜 소식」에서 성서마당 연재를 부탁받고 내심 흥분되었습니다. 공부만 하며 달려온 인생. 그것도 잘 먹고 잘사는, 소위 성공하기 위한 공부가 아니라, 그런 세속적인 것과는 동떨어진, 진리의 말씀, 하나님을 아는 지식, 그리스도를 아는 지식을 그 어떤 세상의 가치보다 우선순위에 두고 살아온 나의 인생. 내가 누구인지 성찰할 시간이 있었다면, "하나님의 말씀에 사로잡힌 자" 외에 다른 것으로는 도저히 정체성을 표현할 수 없는 존재가 어느 날 우연히 기독여민회를 만났죠.

"예수, 여성, 민중과 함께하는 기독여민회"

숨이 멎을 것 같은 순간이었습니다. '어! 어~ 어, 이건 내가 아

닌가???'

　예수는 나의 삶을 처음부터 붙잡아놓은 분이 아닌가? 철이 들면서 무엇을 하며 살아야 할지 막막할 때, 아무도 의지할 수 없는 고아 같은 심정으로 올바른 길을 찾아 헤맬 때, 인생에 가장 가치 있는 일을 하며 살고 싶은 순수한 마음을 가슴속 깊이깊이 새기며 인생길을 찾아갈 때, 느닷없이 예수는 내 앞에 나타났습니다. '이제 다른 꿈은 없다. 예수와 함께하는 것 외에. 이제 다른 길은 없다. 예수와 함께 가는 길 외엔.' 나는 예수를 강의실에서 만났습니다. 내가 만난 예수는 대학 시절 가장 가치 있는 일을 하고 싶어서 헤매다 신학을 전공하고자 결심한 후 들었던 첫 신학수업 '예수의 비유'에서 하나님 나라에 관해 가르치는 스승 예수였습니다. 그 수업을 주관하신 허혁 교수는 그런 의미에서 나와 예수를 만나게 해준 중매자였던 것입니다.

　여성은 태어나는 것이 아니라 만들어지는 것이라고 누군가 말했죠? 나는 여성으로 이 세상에 태어났죠. '신께서 인간을 창조하실 때 여성 아니면 남성으로 만드신 것 아닌가? 추첨처럼, 남성이 되거나 여성이 되는 것이지. 남녀 사이에 우월은 있을 수 없다. 다만 다를 뿐이다.' 중고등학교 다닐 시절, 우리는 공공연하게 남녀차별을 배워왔습니다. 전국고교 수학경시대회에서 1등부터 10등까지 모두 남학교에서 차지하고 11등이 처음 여자고등학교, 그리고 다음 23등 내지 32등이 두 번째 여자고등학교, 그 외엔 모두 남자고등학교가 상위권이었습니다. 이러한 현상을 두고 교장 선생님 이하 모든 교사와 학생과 부모가 입 모아 말했죠. 여자들이 아무리 똑똑해도 남자들 머리만 못하다고. 항상 의문이 생겼습니다. '하나님이 과연 남자들에게 수학적 지능을 높이신 것일까?' 30년 지난 오늘날 이것은 거짓말로 판명났습니다. 30여 년 전 어느 가정에서 경기고교나 서울고교에 다니는 고3 아들에게 설거지해라 밥해라 하면서 집중력을 분산시켰을 것인가 하는 질문이 생깁니다. 놀랍게도 당시 최고 여성 명문고교인 경기여고에 다니는 학생의 경우에 고3일 때에도 가사를 돕도록 강요당한 경우가 상당수 있었던 것입니다.

30여 년 지난 오늘날, 수학 경시대회뿐만 아니라 사법고시 등 많은 시험에서 여성 수석 합격자들이 출몰하고 있습니다. "아들딸 구별 말고 하나만 낳아 잘 기르자"는 표어 덕분에 이 땅에 태어난 딸들은 아들들에 대한 지원과 차별 없는 지원을 부모에게 받고, 최고가 되고 싶다는 야심 찬 알파걸들의 등장으로 남자의 두뇌 우월설을 무너뜨리고 있죠. 자랑스러운 딸들입니다. 남성 여성은 성의 차이를 말하는 것 외에 다른 것이 아니건만, 힘의 논리로 남자가 훨씬 우수한 종자라고 가르치고, 힘없는 여성들을 자신들의 하녀로 종속시켰던 것입니다. 생물학자들이 볼 때 남자와 여자가 결정적으로 다른 것은 자궁의 유무랍니다. 남자가 아무리 잘나도 아이를 낳을 수 없습니다.

여성으로 태어난 나는 여성으로 살아갑니다. 단 한 번도 여성으로 태어난 것이 수치스럽거나 후회스러웠던 적이 없습니다. 멋지고 훌륭한 남성이 있듯이 멋지고 훌륭한 여성도 있는 것이죠. 멋진 여성이 되고 싶습니다. 더 나이가 들면 친구들과 이런 인사를 주고 받고 싶습니다. "당신이 자랑스럽고, 당신과 함께 있어서 행복합니다."

민중. 사람들은 말합니다. 나는 민중이 아니라고. 그러나 나의 정체성은 민중의 한 사람입니다. 물론 이런 자의식은 사실 그리 오래된 것은 아닙니다. 민중신학의 아버지 심원 안병무 선생이 민중신학을 이야기할 때, 그분과 민중은 너무나 동떨어져 보였고, 민중이 아닌 사람이 민중신학을 이야기한다는 것은 좀 어색한 일로 여겨졌습니다. 안병무 선생은 민중이기엔 너무나 부유한 집안에서 태어나 죽는 날까지 부유했고, 민중이라고 하기엔 학문을 많이 쌓은 지식인이었으며, 민중이라고 하기엔 한국과 세계에 유명인들을 지인으로 두고 있는 분이었죠. 민중이 아닌 사람이 민중을 이야기하는, 어울리지 않는 상황을 보면서 나는 결코 민중 이야기는 하지 않으리라 생각했죠. 그리고 민중을 하나의 대상, 연구대상이나 구제의 대상으로 여긴다면 민중신학은 매우 위험하다고 생각했습니다.

그러나 요즘 안병무 선생을 생각하면 그분 자신도 민중의 한 사람이란 정체성을 가지셨던 것 같습니다. 지식도 많고 재산도 많고 친구도 많았지만, 그분은 민중을 정의할 때 민중의 헬라어 오클로스$^{\mathrm{\delta\chi\lambda o\varsigma}}$의 특징을 들어 사회 귀속성을 잃은 사람이라고 했습니다. 그분은 모든 것을 가지고 있었어도 자신이 교수 직위를 박탈당하면서 사회 귀속성을 잃었다고 여기고 오클로스와 자신을 동일시했던 것 같습니다.

　내가 민중이 아니라고 말하는 사람은 아마도 내가 박사이고 목사이며 또 어느 정도 사회적 지위에 올랐고, 어느 정도 사회 보장이나 법의 보호하에 있다고 생각하기 때문일 것입니다. 그렇습니다. 저는 어린 시절부터 공부를 좋아했습니다. 공부가 즐겁고 의미 있는 일임을 깨달을 수 있게 해주는 좋은 스승들도 만났습니다. 공부를 좋아한다는 것은 모르는 것에 대한 끊임없는 질문들이 솟아나고, 그 질문들을 해결하고자 노력하며 그리고 문제를 풀었을 때 오는 희열 같은 것들을 인생의 주된 일로 여기며 산다는 것입니다. 아마도 어린 시절부터 그러한 기질이 있었던 것 같습니다. 늘 수줍어하고 얌전한 사람이었지만 항상 질문이 많았습니다.

　지금도 그렇지만, 성서신학을 전공하면서 항상 모르는 것들이 내 앞에 산재해 있습니다. 그렇기 때문에 공부를 그만둘 수 없는 노릇이었습니다. 가정 형편 같은 것은 한 번도 고려해본 적이 없습니다. 돈을 쌓아두고 대학에 입학한 것도 아니고, 진학하지 말라는 가족들의 만류에도 그 반대를 뿌리치며 대학에 입학하고 철부지같이 대학원에 진학하고, 석사를 마치고도 풀리지 않은 문제들 때문에 박사과정에도 진학했습니다. 그리고 외국에 유학할 수 있는 장학금도 얻을 수 있었죠. 공부는 어느새 소명이 되어가고 있었습니다. 나 자신을 올바로 알고 올바로 가르치는 것을 위해 태어난 사람이라고 여겼습니다. 공부를 하려면 시간이 많이 필요합니다.

즉, 사람들과 교제하거나 이런저런 행사로 시간을 소모하기보다는 책을 읽고 생각하고 글을 쓰는 일에 종사하는 것이 운명이라고 할 수도 있을 것입니다.

세상의 그 누구보다도 철저히 고독해야 하는 것입니다. 나와 같은 사람이 다수가 아니라고 한다면 민중이 아니라 민초라고 해도 좋습니다. 식당일이나 공장일 같은 노동을 하며 사는 사람은, 책을 읽고 생각하고 글 쓰는 학자의 삶이 매우 편하고 사치스럽다고 여길 수도 있을 것입니다. 학술적 작업을 전혀 노동으로 여기지도 않을 것입니다. 밥 굶을 걱정 없이 편히 살았을 것으로만 생각할 것입니다. 그러나 공부가 소명인 사람은 책 읽고 생각하고 글을 쓰는 일을 위해 시간을 아껴야 하고 체력을 관리해야 하며, 고독이나 무익함과 끊임없이 싸워 이겨야 합니다. 이것은 생존처럼 매우 고통스러운 일이고, 학자로서 극기해내야 하는 훈련인 것입니다. 축적된 재산으로 평가되는 사회에서 돈 버는 일을 포기하고 학자의 삶을 산다는 것, 또 언제 어떻게 빈터에 나앉을지 모른다는 불안감은 민중의 삶 자체일 것입니다.

우리가 눈을 들어 세상을 바라보면, 예수 시대 대부분의 사람이 민중이었듯이 작금의 세계에도 생존 보장을 받지 못하고 불안한 삶을 살아가는 민중이 너무나 많습니다. 가난한 사람들, 지체 장애인, 병자, 비정규직 노동자, 고아, 실업자, 외국인 노동자…. 폭력적 사회 안에 살면서 언제 어디서든 폭력을 당할 수 있는 여건에 있는 모든 사람을 민중이라 부를 수 있을 것입니다.

아직 세상이 어떤지 아무것도 모르던 나의 사춘기 시절은 배움과 앎의 기쁨을 맛보던 시절이었습니다. 그때 저는 몸도 마음도 여려서 조그만 일에도 힘들어하며 좌절했던 적이 많았죠. 어릴 적부터 전능하신 신을 붙들고 간구할 때도 많았습니다. 그때 풀밭에 있는 이름 모를 잡초들을 보며 삶의 고통을 의연하게 이겨내는 그들을 부러워한 적이 있었죠.

잡초

빛도 없이
이름도 없이
땅바닥에서 솟아나는 잡초야

어느새 거기 생겨났니?
아무도 원하지 않는 잡초,
너도 생명이라고
잎을 내더니 줄기도 내고 꽃도 피운다.

사람들이 무심코 짓밟고 다녀도
잡초는 아프다고 소리치지도 않고,
살려달라고 애원하지도 않고,
죽지도 않는다.

짓밟힐 때는 짓밟혔다가
다시 바람이 불고 비가 오면
땅이 주는 생명력에 힘입어
잡초는 하늘을 향해 다시 솟아오른다.

이름 없는 잡초야, 네게서
굴하지 않는 생명력을 닮고 싶구나.
누군가 아무 이유 없이 짓밟아도
꿋꿋하게 일어서는 너처럼.

(중학교 2학년 때 썼던 시)

나는 내가 들장미처럼 정원사의 가꿈을 받지 못하고 살고 있고, 그렇다고 해서 온실과 같은 환경 속에서 살고 있는 것도 아니라는 것을 인지했지만, 잡초 같은 생명력도 없다는 것을 알았습니다. 그러나 내가 무엇이든지 간에, 내게 생명이 주어져 있는 한, 살아야 할 의무, 그리고 훌륭하게 살아야 할 과제가 주어졌음을 알았습니다. 아마도 이러한 인생 과제에 대한 인식은 어린 시절부터 교회 안에서 기독교적 가치관을 습득하며 자라났기 때문일 것입니다. 10대 소녀시절에 생명이 끊어질 거라는 막연한 예감으로 인해 고등학교 시절에는 늘 죽음이 내게 엄습해오는 것을 느끼며 살았습니다. 나는 죽기 전에 가장 궁극적인 것은 알아야 할 것 같았습니다. 10대 소녀가 가졌던 삶에 대한 공포는 나를 신학이라는 길로 들어서게 했고, 대학 입학에서 독일 유학을 떠나기까지 7년 반(15학기), 독일로 유학 가서 박사 학위를 받을 때까지 12년 반(25학기) 정확히 40학기의 수업을 마치는 순간, 깨달음이 왔습니다. '내가 무엇 때문에 모든 것을 포기하고 그토록 학문에 매달려 있었던가?'

다른 사람은 다른 방법으로 수도의 길을 갈 수도 있을 것이지만, 나의 수도의 길은 학문의 길, 그것도 신학의 길이었습니다.

이제 내가 깨달은 가장 소중한 가치를 나눌 시간이 온 것 같습니다. 내가 발견한 가장 값진 보물을 열어 보이고 싶습니다. 2,000년 전 한 여인이 남성 민중의 한 사람 예수에게 가장 값진 향유가 든 옥합을 깨뜨려 머리에 기름을 부었던 것처럼, 이제 나는 내가 깨달은 가장 소중한 진리의 단지를 열어 보이고 싶습니다. 예수처럼 살기를 바라는 이 시대의 메시아인 여성들과 민중들에게. 나의 옥합 단지에선 기름 대신 소리가 흘러나갈 것입니다.

내 안에 잠재되어 흐르는 기독여민의 피를 일깨운 김숙경 총무에게 진심으로 감사합니다. 그리고 또한 불의한 세상과 타협하지 않고 순결한 민초로 살다 간 나의 부모에게 감사합니다.

| 차례 |

기쁜 소리 1

너는 내 사랑하는 아들(딸)이라

하늘로부터 소리가 나기를 너는 내 사랑하는 아들이라 내가 너를 기뻐하노라 하시니라(막 1:11; 마 3:17; 눅 3:22).

1. 들어가며: 하나님의 음성과 인생의 변화

사랑해! 아이 러브 유! 이히 리베 디히! 아이시떼루! 워 아이 니! 아나 바이바(비)크! 사랑한다는 말처럼 달콤하고 큰 힘이 되는 말이 있을까? 사랑하는 연인이 귓속말로 전해주는 사랑 고백이 얼마나 감미롭던가? 그 달콤한 사랑에 취해 부부의 인연을 맺고 사랑의 열매로 아기를 얻게 될 때 또한 얼마나 감격스러울까! 원하는 것, 불편한 것을 오직 울음으로 표현하던 아이가 걸음마를 하고, 조금씩 사람의 말을 배우는 시기인 두세 살 무렵에 두 손을 들어 하트 모양을 만들어 부모 앞에서 "사랑해요"라고 말할 때 얼마나 사랑스러운가! 그동안 아이 키우느라 고생했던 젊은 부모는 아기의 사랑스런 포즈에 말할 수 없이 깊은 위로를 받게 되지 않는가! 인생이 불안하고 아무도 나의 마음을 모른다고 여기며 불안하던 사춘기 시절, "내 사랑하는 아들아, 내 사랑하는 딸아!"라고 안아주며 이해해주시던 부모의 사랑어린 한 마디가 얼마나 큰 힘이 되었던가!

지상의 예수가 들었던 기쁜 소리는 하나님의 음성이었다. "너는 내 사랑하는 아들이라." 얼마나 감격스럽고 벅찬 감동인가? 지상의 부모가 표현하는 말 한마디도 우리에게 큰 위로와 힘이 되건만, 하늘 아버지의 음성을 듣는 감격이란 어떻게 표현할 수 있을까?

여러 해 전에 정경화 씨의 바이올린 독주회를 간 적이 있다. 너무나 강렬한 정경화 씨의 연주는 수많은 청중을 감동의 도가니로 몰아넣었다. 음악적 감동이 온몸을 휘감아 한동안 몸의 감각이 도취된 상태에 머물러 있었다. 바이올린과 같은 악기 소리도 무한한 감동을 줄 수 있다. 그뿐만 아니라 깊은 산속 골짜기 흐르는 물소리도 영혼을 깨우는 맑은 감동을 줄 수 있다.

일개 인간이 감히 하나님의 음성을 듣는다면 어떠할까? 그것도 호령을 치시는 소리가 아니라 사랑이 가득 담긴 말씀인 "너는 내 사랑하는 아들딸이다"라는 소리를 듣는다면 그 감동이 어떨까! 그 감격적인 소리를 듣기 전과 후가 같을 수는 없지 않을까?

이집트의 노예로 살고 있는 이스라엘 민족을 이끌어낸 민족의 지도자 모세도 하나님의 음성을 들었다. "모세야 모세야"(출 3:4). 하나님이 직접 자신의 이름을 부르며 찾아오신다는 사실 자체만으로도 감격스러운 일이 아닌가? 하나님은 모세에게 말씀하신다. "내가 정녕 너와 함께 있으리라"(출 3:12). 예수 믿는 사람들을 박해하느라 혈안이 되었던 바울도 하나님의 음성을 듣는다. "사울아 사울아 네가 어찌하여 나를 핍박하느냐?" 그 이후 바울은 자신의 삶을 180도 전환하여 그리스도의 복음을 전하는 일에 헌신한다.

신앙을 간증하는 많은 사람이 고백하는 것이 있다. '내가 예수님(혹은 하나님)을 만나기 전에는 나와 우리 가정이 평화가 없고 병들고 갖은 고난을 당했는데, 그분을 만난 뒤로는 건강해지고 가정에 평화가 오고 새 생명이 넘친다'고. 하나님을 어떻게 만났습니까? 하나님은 어떻게 생겼습니까? 라고 물으면, 모습에 대해 이야기하는 사람은 거의 없고 대부분의 사람이 하나님의 음성을 들었다고 대답한다. 무슨 음성을 들었냐고 물어보면 대개 "내가 너를 사랑하노라" 혹은 "내가 항상 너와 함께하리라" 등의 말을 전한다.

대부분의 크리스천이 그러한 것처럼 지상의 예수도 하나님의 음성을 들으면서 공생애를 시작한다. 지상의 예수가 30세 전후에 공적인 활동을 시작하기 전까지 그의 삶에 대해 알려진 것은 별로 없다. 예수가 하늘로부터 하나님의 음성을 들었던 것은 세례 요한에게 세례를 받을 때라고 알려져 있다.

2. 예수의 세례

1) 세례 요한과 예수는 사제지간인가?

예수는 요한에게서 세례를 받기 위해 나사렛에서 유대까지 먼 길을 왔다. 예수의 행적을 전하는 복음서는 요한의 제자들이 아니라 예수의 제자들이 기록했다고 할 때, 예수가 요한의 가르침과 권위를 인정하고 그가 주는 세례를 받기 위해 무릎을 굽힌 사실을 숨김없이 소개하는 것으로 보아 이것은 분명한 역사적 사실일 것이다. 예수가 세례 요한에게 세례를 받았다는 사실에서 예수가 세례 요한의 제자였을 것이라고 주장하는 사람들도 있다. 어째서 예수는 세례 요한의 메시지를 귀담아듣고 그가 외치는 세례를 받게 되었을까? 분명 예수는 세례 요한과 동시대 사람으로 요한의 메시지에 동의했기 때문이리라. 세례 요한은 도대체 무슨 메시지를 전했는가? 왜 그는 세례를 베풀었는가? 요한의 세례를 받은 사람은 다 그의 제자인가? 요한에게서 세례를 받았다는 사실 때문에 예수가 그의 제자인가?

2) 세례 요한의 세례

요한은 이스라엘 역사에서 세례를 베푼 최초의 사람이다. 그래서 그를 세례자 요한, 세례 요한이라고 부르는 것이다. 그는 세례를 베풀기 전에 시대의 흐름을 읽었다. 그가 읽은 시대는 시대의 마지막, 즉 종말이 가까웠다. 상식적으로 이해할 수 없는 일들이 벌어질 때 사람들은 이런 말을 쓴다. "세상이 이럴 수가!" 있을 수 없는 일들이 벌어질 때, 무언가 도저히 용납할 수 없는 일들이 벌어지고 있을 때, 그러면서도 아무것도 시정할 능력이 없는 자신을 바라보며 사람들은 외부의 강한 힘이 다가와 잘못된 현실을 바꾸어줄 것을 기대한다.

그런 변화가 이스라엘 역사에서는 매우 진지하고 강렬하게 기대되었다. 마지막에 대한 기대는 잘못된 현실에 대한 인지에서 비롯되었다. 예언자 이사야는 '그날' 개념으로 마지막에 대한 소망을 나타냈다.

> 그 날에 눈이 높은 자가 낮아지며 교만한 자가 굴복되고 여호와께서 홀로 높임을 받으시리라(사 2:11).

> 그 날에 여호와의 싹이 아름답고 영화로울 것이요 그 땅의 소산은 이스라엘의 피난한 자를 위하여 영화롭고 아름다울 것이며(사 4:2).

요한은 유대인들이 기대했던 '그날'이 진실로 멀지 않았다고 여겼다. 이제 곧 종말이 오리라. 어느 정도로 가까이 왔는가 하면, 나무를 찍어버리기 위해 도끼가 나무뿌리에 놓인 것만큼이나 가까이 왔다. 곧 모든 악한 존재를 태워버릴 불 심판이 있을 것이다. 의인만 살아남을 것이고, 그 외 모든 사람은 멸망할 것이다. 죄지은 모든 사람은 회개하고 용서를 받아야만 살 길이 있다. 지금과는 완전히 다른 삶을 살아야 한다.

우리가 기획하는 일들도 이런 것이 아닐까? 딱딱하게 굳어 있는 기존의 가치관과 구조 속에서 당하는 약자들 편에서 이 세상이 달라지지 않고서는 희망이 없음을, 그래서 모두 변화하자고 세상을 향해 외치는 것이 우리의 활동이라면, 이 또한 요한이 시도했던 회개 운동과 같은 성격이라고 할 수 있겠다.

요한의 활동은 유대인 전체를 향한 범국민적 회개 운동이다. 요한의 활동은 자신의 종파 형성을 위한 것이 아니었다. 그의 메시지는 이스라엘 모든 사람을 향한 것이었다. 회개의 메시지는 이스라엘 역사에서 종종 있었던 예언자들이 냈던 목소리였다. 이 점에서 세례 요한도 일종의 예언자이다. 이스라엘의 모든 사람이 그를 참 예언자로 평가했고, 예수도 그를 예언자로 여겼다.

> 예수께서 무리에게 요한에 대하여 말씀하시되 너희가 무엇을 보려고 광야에 나갔더냐 바람에 흔들리는 갈대냐 그러면 너희가 무엇을 보려고 나갔더냐 부드러운 옷 입은 사람이냐 부드러운 옷을 입은 사람들은 왕궁에 있느니라 그러면 너희가 어찌하여 나갔더냐 선지자를 보기 위함이었더냐 옳다 내가 너희에게 이르노니 선지자보다 더 나은 자니라 (마 11:7-9; 눅 7:24-27).

예수는 요한을 일반 예언자보다 더 큰 자라고 평가했다. 예언자는 예언자로되 일반 예언자보다 더 의미 있고 중요한 메시지를 전하는 예언자, 즉 대예언자 혹은 그의 메시지가 종말과 관련된다는 점에서 종말 예언자라고 할 수 있겠다. 그렇다. 요한의 메시지는 임박한 종말 심판과 관련된다는 점 그리고 회개만을 주창하는 것이 아니라 회개 후 자신이 베푸는 세례를 받으라고 말했던 점에서 일반 예언자들과 달랐다. 마가는 세례 요한의 활동을 "죄 사함을 받게 하는 회개의 세례를 전파하니"(막 1:4)라고 요약했다. 실로 그의 메시지의 반향은 범민족적이었다. 마가에 따르면 "온 유대 지방과 예루살렘 사람이 다 나아가 자기 죄를 자복하고 요단강에서 그에게 세례를 받았다"(막 1:5).

요한의 메시지를 듣고 많은 사람이 세례를 받고자 그에게 나왔다. 놀랍게도 요한은 그에게 세례받으러 나아온 모든 사람에게 세례를 베푼 것이 아니라 참으로 회개한 자와 그렇지 않은 자를 분별하여 참으로 회개한 자에게만 세례를 주고, 그렇지 않은 사람은 물리쳤다.

> 요한이 많은 바리새인과 사두개인이 세례 베푸는데 오는 것을 보고 이르되 독사의 자식들아 누가 너희를 가르쳐 임박한 진노를 피하라 하더냐 그러므로 회개에 합당한 열매를 맺고 속으로 아브라함이 우리 조상이라고 생각지 말라(마 3:7-9a; 눅 3:7-8).

아브라함의 자손이라서 구원의 보장이 있다고 여기고 형식적으로 회개한 척하며 세례받으러 나오는 사람을 배격하는 말이다.

예수가 요한에게서 세례를 받았다는 사실은 세례 요한이 제시한 시대상에 동의했다는 것을 의미할 것이다. 예수도 세례 요한이 말하는 바와 같이 종말이 매우 가까이 왔다는 것과 구원을 얻기 위해서는 현재와는 다른 삶을 살아야 한다고 생각했다.

3) 예수의 세례 때 일어난 일

마가는 예수의 세례 때 일어난 일로 세 가지를 전한다. 하늘의 열림과 성령의 내려옴, 그리고 하나님의 음성.

"하늘이 열리고." 하늘은 언제 열리는가? 하늘의 열림이란 표현은 구약성서 중 에스겔 1장 1절과 이사야 63장 19절에서 볼 수 있다. 에스겔 1장 1절은 에스겔이 예언자로서 소명을 받는 것을 표현하고 있으며, 이사야서는 하나님의 종말론적 개입을 표현하고 있다. 기독교가 전래되기 전 우리말에도 '천지개벽'이란 말이 있었다. 시대의 온전한 변화를 기대했던 동학의 전문용어가 되었다. 이사야가 말한 대로, 하나님이 인간 세상에 개입하는 것을 의미하는 표상어라고 보아도 무방할 터이다.

"성령이 비둘기같이 내려옴." 성령은 보이지 않는다. 보이지 않는 성령을 비둘기 같다고 표현한 것은 보이지 않는 성령을 형상화한 것이다. 성령을 독수리로 표현하지 않고 비둘기로 표현한 것은 성령의 온유함을 나타낸다. 성령의 역사는 온유하다.

하늘의 소리, "너는 내 사랑하는 아들이라"라는 하나님의 음성이 들린다. 세상에서 가장 기쁜 소리, 사랑한다는 말을 예수는 세례 때 듣는다.

이상과 같이 예수의 세례 이야기는 두 가지 봄과 한 가지 들음을 전한다. 보고 들은 이는 이 이야기에서 오직 예수뿐이다. 즉 세례 요한이 예수에게 세례를 주고 있지만, 세례 요한이 세례를 주면서 무슨 말을 했는지, 무엇을 보았는지, 무슨 소리를 들었는지 전혀 묘사되고 있지 않다는 점을 유의해야 한다. 즉 세례 요한도 무슨 일이 일어났는지 증인이 될 수 없다는 말이다.

그렇다면 예수가 세례 때 보고 들은 것은 예수의 새로운 자의식인가? 세상이 뒤바뀔 종말이 시작되어 새 시대가 열렸다고 생각했는가? 마지막 예언자 이후 멈추었던 성령의 역사가 재개되었다고 보았는가? 세례 때에야 비로소 예수는 하나님을 아버지로 불렀는가? 예수 자신이 세례를 받았으나 다른 사람에게 세례를 주었다는 이야기는 복음서 전체를 통해 한 마디도 언급되지 않는다. 왜 그럴까?

3. 초기 그리스도교의 세례

놀랍게도 천지가 개벽하는 역사, 성령을 받고 하나님의 자녀(아들딸)로 인정받는 일을 세례와 연관 지은 것은 초기 그리스도교이다. 언제 누가 시작했는지 알 수 없다. 요한에게서 세례받은 예수가 요한이 감금된 후에 활동을 개시했지만(1:14 참조) 누구에겐가 세례를 주었다는 이야기는 복음서 어디에도 언급되지 않는다. 그러나 아주 초창기부터 그리스도교 사람들은 "예수의 이름으로"

세례를 주고, 세례와 함께 완전히 천지개벽이 일어났다고 가르쳤다. 천지개벽이란 다름 아니라 구원받지 못할 자가 구원을 받게 되었다는 것이다.

바울 이전에 형성된 세례와 관련된 신학적 이해가 고린도전서 6장 11절의 짤막한 한 구절에 담겨 있다.

너희 중에 이와 같은 자들이 있더니 주 예수 그리스도의 이름과 우리 하나님의 성령 안에서 씻음과 거룩함과 의롭다 하심을 얻었느니라.

이 구절이 세례와 관련된 것이라는 사실을 학자들은 두 군데에서 확인한다. 1) "주 예수 그리스도의 이름으로", 2) "너희가 씻음을 얻었다."

1) "주 예수 그리스도의 이름으로." 현대 교회에서 우리는 "주 예수 그리스도의 이름으로" 기도를 올린다든지 혹은 귀신에게 나가라고 한다든지 한다. 즉 기도와 귀신 축출시에 예수 그리스도의 이름을 언급한다. 세례를 줄 때에는 "성부와 성자와 성령으로 세례를 주노라"고 선언한다. 성부와 성자와 성령의 이름으로 현재 시행되고 있는 세례 선언은 마태복음 28장 19절에서 인용한 것이다. "아버지와 아들과 성령의 이름으로 세례를 주라." 많은 학자가 마태복음에 나오는 표현을 고전 6장 11절보다 후대에 형성된 것으로 여긴다. 세례 시행 초기에는 단순히 "주 예수 그리스도의 이름으로" 세례를 주었을 것이고, 세월이 흐르면서 아버지와 성령을

추가한 것이다.

2) "너희가 씻음을 얻었다." 이 표현은 번역이 그리 좋지 않다. 그러나 물을 사용하여 몸이 씻긴다는 점에서 세례를 나타내고 있다는 것에 동의할 수 있다. 그뿐만 아니라 세례와 함께 초기 그리스도인들은 더러운 죄로부터 씻음을 얻었다는 의식, 즉 세례와 함께 죄 용서가 실현되고 있다는 생각을 했다는 것을 알 수 있다. 세례 요한이 종말 심판 때 죄를 용서받아 구원을 얻을 수 있도록 회개하고 세례를 받도록 종용했다면, 초기 그리스도인들은 그들이 베푸는 세례로 죄 사함 받았음을 선언했던 것 같다. 그래서 세례를 받은 그리스도인들은 예전과 구별된 존재("거룩함을 얻었다"), 그리고 구원받은 존재("의롭다 하심을 얻었다")로 세례와 함께 과거와는 단절된 새로 거듭난 존재로 선언되었던 것이다.

이와 같이 죄에 빠져 죽어 마땅한 존재를 구원받은 새로운 존재로 변신시키는 것은 하나님의 성령의 힘이다. 이러한 신학적 이해가 "우리 하나님의 성령 안에서"라는 부사구에 표현되어 있다. 성령은 세례시 작용하여 세례받는 자를 완전히 바꾸어놓는다. 그리고 세례받는 자로 하여금 두 가지를 고백하게 한다. 1) "주 예수"와 2) "하나님 아버지."

성령은 세례받은 크리스천으로 하여금 주 예수 그리고 하나님 아버지라고 외치게 한다. 이러한 사실은 바울 서신에서 찾아볼 수 있다.

성령으로 아니하고는 누구든지 예수를 주시라 할 수 없느니라(고전 12:3).

네가 만일 네 입으로 예수를 주로 시인하며… 구원을 얻으리니(롬 10:9).

무릇 하나님의 영으로 인도함을 받는 그들은 곧 하나님의 아들이라 너희는 다시 무서워하는 종의 영을 받지 아니하였고 양자의 영을 받았으므로 아바 아버지라 부르짖느니라(롬 8:14-15).

위의 구절들에 따르면 예수를 주라 부르고, 하나님을 아버지라 부르는 것은 성령에 의해 가능한 일이고, 이는 세례 때부터 가능한 것이다. 초기 그리스도교의 세례의식에서 중요한 절차는 다음과 같았을 것이다.

1) 세례를 주는 자가 "주 예수 그리스도의 이름으로" 세례를 주면, 2) 세례를 받는 자는 "주 예수"와 "하나님 아버지"를 부름으로 응답한다. 3) 수세자의 응답을 확인하고 세례자는 수세자가 예수에게(그리스도 안에) 소속된 존재임을 선언한다.

너희가 다 믿음으로 말미암아 그리스도 예수 안에서 하나님의 아들이 되었으니 누구든지 그리스도 안으로 들어가는 세례를 받은 자는 그리스도로 옷입었느니라 너희는 유대인이나 헬라인이나 종이나 자주자나 남자나 여자 없이 다 그리스도 예수 안에서 하나이니라(갈 3:26- 28).

그러므로 갈라디아서 3장 26-28절은 의심의 여지없이 세례와 관련된 말이다. 예수 그리스도의 이름으로 주는 세례를 받으면, 세례받는 자는 "주 예수, 하나님 아버지"를 외치고, 그 결과 그리스도 예수(=예수 그리스도가 주인인 교회) 안으로 들어가는 것이다. 그리스도 안에 있는 자, 즉 세례받은 교인들은 모두 하나님의 아들딸이며, 하나님을 아버지로 모시는 형제자매인 것이다.

4. 나가며: 예수만 아니라 하나님의 음성을 들은 모든 사람은 하나님의 아들딸이라

세례 때 예수가 들었던 복음(기쁜 소리), "너는 내 사랑하는 아들이라"는 말은 예수의 전유물이 아니라, 모든 크리스천이 공유할 수 있는 말이 되었다. 세례받은 모든 크리스천은 하나님을 아버지라고 고백하게 되었기 때문이다. 1세기 이후 모든 크리스천은 세례 때 성령의 힘에 도움을 받아 감히 보이지 않는 하나님을 아버지라고 부를 수 있게 되었다. 즉, 그리스도인들은 하나님의 자녀 된 특권을 받은 셈이다. 그런 의미에서 마가복음 1장 9-11절에 묘사된 예수의 세례 이야기는 세례받는 모든 사람의 모형이다.

좀 더 나은 세상, 하나님도 기뻐하시고 사람들도 행복할 그런 세상을 꿈꾸며 오늘을 살고 있는 기여민 식구들도 하늘이 열리며 다가오는 성령의 역사를 만끽하며 하나님의 자녀 됨을 몸소 보고 듣기 바란다. 감격의 전율이 엄습할 것이다. "너는 내 사랑하는 아들딸이다." 하나님의 이 음성 때문에 우리도 지상의 예수처럼 잘못된 세상을 두려워하거나 타협하지 않고 꿋꿋하게 살 수 있는 게 아니겠는가!

추천의 글

Kim, Panim, "Heilsgegenwart bei Paulus. Eine religionsgeschichtlich-theologische Untersuchung zu Suendenvergebung und Geist-gabe in den Qumrantexten sowie bei Johannes dem Taeufer, Jesus und Paulus," Diss. Goettingen, 1996.

김판임. "예수와 세례 요한." 「말씀과 교회」 39 (2005 여름): 125-155.

김판임. "특별한 용기 — 하나님 아버지를 부름." 「한국여성신학」 61 (2005 여름): 6-10.

김판임. 『쿰란공동체와 초기그리스도교』. 서울: 비블리카아카데미아, 2008.

기쁜 소리 2

너는 나를 따르라

나를 따라오라 내가 너희로 사람을 낚는 어부가 되게 하리라(막 1:17).

ⅠⅠ. 들어가며: 걸어오는 말(Anrede)

20세기 최고의 신학자 세 사람이 있다. 브룬너, 바르트, 불트만. 모두 B로 시작하는 이름이어서 3B라고 불린다. 그중 한 사람 불트만Rudolf Bultmann이 애용하던 단어가 있다. 안레데Anrede. Rede는 '말'이라고 번역하지만 Anrede는 번역하기가 쉽지 않다. An은 전치사로 '~에게'로 이해하면 옳을 것이다. 불트만의 저서를 힘써 번역했던 허혁 교수는 고민한 결과 '걸어오는 말'이라고 번역했다. 걸어오는 말이라……. 불트만 같은 학자는 사람의 인생이란 걸어오는 말과 그에 대한 응답으로 이루어지는 것으로 여겼던 것 같다.

구약성서에서 볼 수 있는 유명한 안레데는 창세기 3장에 나오는 말이다. 하나님이 아담을 부르는 말씀, "아담아, 네가 어디 있느냐?" 하나님이 인간을 향해 걸어오는 말이다. 이로써 인간은 하나님 앞에 직면하며, 그의 부름 앞에 응답하는 존재가 되는 것이다. 필자는 안레데를 '부름말'로 표현해보고자 한다.

「기쁜 소식」지에 전하는 두 번째 기쁜 소리로 선정한 말씀은 "나를 따라오너라"(막 1:17; 마 4:19)이다. 이 말씀은 예수가 제자를 부를 때 하신 것이다. 이 소리가 기쁜 소리가 될 수 있을까? 누군가 나타나서 "나를 따르라"고 한다면 어떨까? 특별히 요즘처럼 어린이 유괴와 성폭행이 자행되고 있는 한국 사회에서, 누군가가 "날 따라오라"고 말한다면 절대 따라가선 안 된다고 우리는 자녀들을 교육하지 않는가? 우리 시대 한국 사회에서 나를 따르라는 '안레데'는 기쁜 소리가 아니라 위험천만한 말이며, 경계 대상인 말이기도 하다.

다행히 "나를 따르라"는 예수의 말씀은 어린 여아나 남아를 향한 것이 아니라 자신의 인생을 스스로 결단할 수 있는 청년들을 향한 것이었다. 필자가 스무 살이었을 때였다. 대학에 입학하고 당시 학과별 입학이 아니라 계열별 입학을 실험적으로 하고 있던 터라, 전공을 정하려고 대학교 1-2학년 동안 참으로 고심했다. 무엇을 하고 살아야 후회가 없을까, 무슨 직업을 가지고 살아야 할까 등등. 그러던 중 읽었던 책 하나가 본회퍼의 『나를 따르라』였다. 허혁 교수가 번역하고 대한기독교서회가 출판한, 산상수훈을 해석한 책인데 내용이 몹시 어려웠다. 나는 이해하기 어려운 그 책을 덮으며, 예수를 따르기로 결심하고 기독교학과를 선택했다. 그리고 예수를 향한 나의 운명은 그것으로 결정된 것 같다.

2. 예수의 제자 부름(말의 힘)

예수는 보통 분이 아니다. 우리는 늘 그렇게 생각한다. 예수는 우리 범속한 인간과는 비교할 수 없을 정도로 고귀하신 하나님의 아들이라고. 당대 이스라엘 민족의 회개 운동가이며 종말 심판을 앞두고 구원의 징표로 세례를 주었던 세례 요한도 예수를 두고 "나는 그의 신발 끈을 풀 자격도 없는 자"라고 자처하지 않았던가! 그러니 보통 인간인 우리는 감히 그 어떤 것으로도 예수와 비교할 수조차 없지 않을까? 비교는커녕 감히 가까이 갈 수도 없는 고귀한 분이 아니었을까? 그런데 그런 분이 일개 인간을 향해 "나를 따르라"고 말씀하지 않는가? 이 말씀은 예수께서 이 세상에서 무슨 중요한 일을 하시고자 할 때 혼자 하시지는 않았다는 사실을 말해준다. 석가모니는 각(覺)을 하였을 때 '천상천하 유아독존'이라는 말을 했다는데, 예수는 이 세상에 와서 하나님 일을 하고자 하여도 혼자 하지 않았다. 함께 동역할 일꾼을 부르셨다. 바로 이러한 점에서 "나를 따르라"는 예수의 부름말은 그 말을 듣는 자에게 기쁜 소리인 것이다.

부름을 받은 처음 인물은 베드로와 안드레이다. 이 둘은 형제지간이다. 형제 둘을 동시에 부르시는 것도 의미심장하다. 이들은 갈릴리 호숫가에서 물고기를 잡아서 생계를 이어가던 어부들이다. 예수를 만났던 날도 여느 날과 같이 갈릴리 호숫가에서 그물을 던지고 있었다. "나를 따르라. 내가 너희를 사람을 낚는 어부가 되게 해주겠다." 물고기를 낚으면 먹기도 하고 팔아서 생계에 보탬도 되련만 "사람을 낚아서" 어디에 쓰려는 것일까?

사람을 낚는다는 표현은 한국 선교단체들이 가장 애용하는 말이기도 하다. 선교 활동을 통해 많은 사람을 기독교인으로 만들고자 할 때 쓰는 말이다. 그렇다면 낚시가 아니라 그물 표현을 쓰는 것이 더 적절할 것이다. 그물로는 갖가지 종류의 물고기를 다 잡을수 있지만 낚는 것은 좀 다르다. 개별적인 존재들을 하나하나 정선해서 끌어올릴 때 쓴다는 점에서 그물로 낚는 것과는 전혀 다른의미일 것이다. 예수의 제자가 되는 과정은 그물로 물고기를 무더기로 집어 올리듯 하는 것이 아니라, 낚시로 물고기를 한 마리 한마리 끌어올리듯 하는 개별적인 역사일 것이다.

아마도 베드로는 예수의 부름을 받을 때 이미 기혼자였던 것 같다(막 1:29-30 참조). 그리고 형제 안드레도 같은 집에 살고 있었던것 같다. 이들은 예수의 부르는 말을 듣고 주저 없이 그를 따른다. 그 다음 부른 제자들은 야고보와 요한이다. 이들은 세베데의 아들들로 소개된다. 예수 사후 예루살렘 교회의 중심인물이 예수의 형제 야고보이다. 바울은 그를 주의 형제 야고보라고 지칭했는데, 예수가 부르신 제자 야고보를 그와 구별하기 위해 세베대의 아들이라고 밝히고 있는 것으로 보인다. 이들 형제에게도 "나를 따르

라. 너희를 사람 낚는 어부가 되게 해주겠다"라고 똑같은 말로 불렀는지 알 수 없지만, 아마도 그랬을 거라고 짐작한다. 마가복음 2장 14절에서 다시 한 번 예수가 제자 부르는 말이 나온다. 알패오의 아들 레위에게 "나를 따르라"고만 말할 뿐이다.

예수는 자신에게 부여된 사명을 감당하기 위해 제자들을 부른다. 예수의 이러한 제자 부름은 당시 사제지간에 이루어진 것과는 매우 상이하다. 다시 말하자면, 대부분의 사제지간은 제자가 되려는 사람이 스승을 찾아가 제자로 받아줄 것을 요청하면, 선생은 몇 가지 시험을 통해 제자를 받아들이는 식이다. 이스라엘의 랍비 전통과 비교하면 그 차이가 극명하게 나타난다. 랍비는 일정한 배움터에 자리를 잡고(stabilitas loci) 제자들을 받아들인다. 배우고자 하는 사람은 랍비를 찾아간다. 제자들은 랍비의 선택에 따라 받아들여진 뒤에 배움을 받을 수 있다. 오늘날 대학 전통에서 박사학위를 받으려는 사람이 스승을 선택하여 찾아가 학생으로 받아줄 것을 요청하는 것도 이와 유사한 방식이다.

언제부터인가 한국의 대학 문화도 많이 변했다. 스승과 제자 관계는 슬며시 사라지고 있다. 어느 대학 졸업생, 어느 대학 박사라는 표현으로 지도교수보다 대학이라는 기관명이 대신하면서 스승과 학생의 관계보다는 학교라는 기관과 학생의 관계로 변질되어 가는 것을 부인할 수 없다. 그러나 누구의 제자라는 표현이 그 어느 대학 졸업이라는 표현보다 권위 있고, 제대로 계보 있게 공부했다는 인상을 준다.

예수가 제자를 부른 것은 이스라엘의 랍비 문화나 현대 대학 문화와는 완전히 반대다. 스승이 제자를 찾아가 부른 것이다. 이와 유사한 경우를 성서 안에서 찾자면 엘리야가 엘리사를 부른 사건이라고 할 수 있다. 엘리사는 생업에 종사하던 중 부름을 받는다. 그는 스승을 따라나서기 전 부모에게 작별 인사를 한다. 황소 두 마리를 잡고 쟁기를 부수며 그 고기를 구워 사람들을 대접한 후 엘리야를 따라갔다(왕상 19:19-21).

3. 예수의 부름은 기존의 삶을 단절시킴
   — 새로운 삶을 가능케 함(종말론적 인생)

필자도 예수처럼 제자를 부른 적이 있다. 물론 예수처럼 "나를 따르라"고 말하진 않았다. 나는 강사 시절, 지방 대학의 어느 학생에게서 무한한 가능성을 보았다. 이 세속화된 사회에 어울리지 않을 만큼 순수한 영혼, 영악한 세상에 길들여지지 않은 풋풋함 그리고 아직 갈고 닦지 못한 지성…. 그 학생이 지닌 여러 가지 잠재 능력을 보고 나는 심장이 뛰었다. 그래서 나는 그 학교 교수가 아니기 때문에 오랫동안 그 학생을 지켜볼 여유가 없어 그 학생에 대한 나의 기대를 서둘러 말하고 말았다. "학생이 열심히 공부하면 앞으로 한국의 큰 신학자가 될 것 같습니다." 그 학생은 더욱 열심히 공부하는 듯했다. 그러나 나의 말이 그에게 부담을 주었을까. 그 학생은 교회에서도 소중한 인재로 쓰임 받았고, 결국에는 교회 일이 많아 학업을 수행할 시간이 적다며 휴학을 선택했다. 그 학생과 나와의 인연은 그것으로 끝나고 말았다.

스승이 제자를 부르는 일은 사제지간에 드문 일이다. 예수의 제자 부름과 가장 유사한 것이 엘리야가 엘리사를 부른 일이지만 그 경우 엘리사는 가족과 이별식을 했다. 그러나 예수의 제자들은 그런 것도 없었다. 예수가 나를 따르라고 하자 베드로와 안드레는 곧바로 그물을 버리고 예수를 따른다. 마가복음은 야고보와 요한이 그의 아버지 세베대와 그의 삯군을 버려두고 예수를 따라갔다고 묘사한다. 그리고 레위를 부를 때도 마찬가지다. 그도 예수의 부름을 받고 그를 따라갔다고 간단히 묘사되어 있다.

예수가 제자를 부르는 이야기에서 공통적인 특징을 간추려보면 다음과 같다.

1) 나를 따르라는 부름말은 창조시 말과 함께 역사를 이루었던 하나님의 말씀의 권위를 연상시킨다. 창조시 하나님이 "빛이 있으라" 하면 빛이 생겨났던 것처럼, 예수가 나를 따르라 하면 그 말을 들은 사람들은 그대로 그를 따른다.

대부분 누군가 나를 부르면 최소한 한 번은 거부 의사를 표시하는 것이 보통이다(모세도 이에 해당한다). 예언자 중 예레미야의 경우 하나님이 그를 부를 때 곧바로 이루어지지 않았다. 하나님이 부를 때 예레미야는 거부의 몸짓을 한다. "아닙니다. 주 나의 하나님, 저는 말을 잘할 줄 모릅니다. 저는 아직 너무나 어립니다." 예레미야의 거부 음성을 듣고 다시 한 번 하나님은 권유한다. "너는 아직 너무나 어리다고 말하지 마라. 내가 너를 누구에게 보내든지 너는 그에게로 가고, 내가 너에게 무슨 명을 내리든지 너는 그대로 말하여라."

나를 따르라는 예수의 부름말에 대해서는 아무런 거부 몸짓이나 토가 없다. 그가 말하면 역사가 된다. 말이 곧 역사를 이루는 것이다.

2) 나를 따르라는 부름말을 따르려면 아버지를 떠나게 한다. 나를 따르라는 예수의 부름말을 듣고 세베대의 아들 야고보와 요한은 아버지를 버리고 예수를 따른다. 베드로의 따름과 관련하여 이런 표현이 없는 것으로 보아 아마도 베드로는 예수를 만날 무렵 떠나버릴 부모가 없었는지도 모른다. 가부장적 문화권에서는 아버지를 보필하는 것이 아들의 신성한 의무였다. 십계명에도 부모를 공경하라는 계명이 있고, 기독교가 한국에 유입되기 전 유교 문화권에서도 부모 공경은 소중한 덕목이었다. 이러한 덕목을 존중하는 사람이 예수의 부름을 받고 따를 의사가 있다면 부모님께 인사를 드리거나 혹은 허락을 받는 절차를 거치는 것이 도리일 것이다.

나를 따르라는 예수의 부름말을 들은 제자들의 태도가 유교적 가치관에 위배되는 것처럼 보이지만 종교적 가치관에는 합당하다. 불교에서도 종교인의 길을 가는 것을 출가라고 한다. 출가 이

전에 몸담고 있던 혈육, 친척 등 모든 세속 인연을 끊는 것이다. 누구의 아들로, 누구의 남편으로, 세속적인 삶과 혈육 간의 연대를 유지하면서 동시에 종교적인 삶을 사는 게 가능하다고 보지 않았기 때문이리라.

3) 나를 따르라는 부름말은 이전에 가졌던 직업을 끊어놓는다. 혹자는 말한다. 예수의 제자들이 예수의 부름말에 응답하지 않았다면 평생 물고기나 잡고 사는 어부로 인생을 마감했을 거라고. 예수를 만나 훨씬 멋진 삶을 경험했으니 얼마나 은혜로웠는가 하고 말이다. 우리나라에도 간혹 그런 사람들이 있다. 바닷가 혹은 섬에 태어나 평생 욕이나 하면서 어부로 거친 삶을 살다가 인생을 마감했을 법한 사람인데, 좋은 스승을 만나 예수도 알게 되고 신학을 공부해서 신학대학 교수가 되고 결국 대학 총장을 지낸 분도 있다. 성경 이야기가 결코 먼 나라 이야기가 아니라 나의 이야기인 것처럼 보이기도 한다.

그러나 만일 어떤 사람이 이 사회에서 성공했다고 인정받는, 버리기 아까운 직업을 가진 사람이라면 "나를 따르라"는 예수의 부름말이 기쁜 소리로 들릴까? 현재 대통령을 하는 장로에게 예수께서 나를 따르라고 했다면 그는 분명 베드로나 안드레나 야고보, 요한처럼 자기가 하던 일을 버리고 즉각 따르지 않을 것 같다. 그러기보다는 나라를 운영하는 즐거움에 아무 말도 듣지 못하거나, 혹은 "임기를 마치고 나면요"라며 부름말에 응하지 못할 것이다.

그렇다. 예수는 고관나리에게 나를 따르라고 말하지 않았다. 대학 총장이나 국무총리, 큰 재벌 회사의 이사처럼 성공했다고 자부할 수 있는 직업의 사람들에게 나를 따르라는 예수의 부름말은 참으로 반갑지 않은 소리일 것이다. 그래서인지 예수의 제자들이라고 전해지는 명단을 보면 사회적으로 유명한 사람이 없다(막 3:16-19).

4. 나가며

누군가 다가와 말을 건다면, 그것도 강한 권위로 자신을 따르오라고 한다면 우리는 어떻게 반응할까? 아니, 달리 말해서 예수가 우리 시대에 다시 와서 나를 따르라고 한다면 야고보처럼 부모도 버리고 직업도 버리고, 지나온 삶을 접고 그저 따라나설 수 있을까? 결혼한 새댁이 시부모에게 시달리다가 나를 따르라는 예수의 부름말을 따라 집을 나선다면, 고통을 주는 가족 유대로부터 참된 해방이라고 할 수 있을까? 종교가 주는 참 자유라고 할 수 있을까?

그러고 보니 부모를 버리고 떠난 사람은 세배대의 아들들인 야고보와 요한이다. 시몬 베드로의 경우는 아무 언급이 없다. 이미 부모를 떠나 장가를 간 사람이라서 그럴까? 아니면 조실부모하여 떠날 부모조차 없기 때문일까?

성철 스님처럼, 불교에서 출가자는 아내도 버리고 자녀도 버리고 깊은 종교적 진리를 깨치기 위해 집을 떠난다. 아무도 그를 도덕적으로 문제가 있다고 하지 않는다. 그러나 만일 어떤 아낙네가 종교적 진리를 얻기 위해, 혹은 주님의 부름을 받아 가족을 버리고 출가했다면 사회적, 가정적 비난에서 자유로울까 의문이 생긴다. 종교가 주는 자유, 가족이라는 굴레로부터의 자유는 진정 맛보기 어려운 것일까?

이러한 질문에 대해 다음과 같은 사실에서 힌트를 얻을 수 있다. 1) 시몬 베드로의 경우 예수의 부름을 받은 뒤에도 아내와 장모를 버리지 않고 함께했다는 사실(막 2:30; 고전 9:5), 2) 부모와 직업을 버렸다는 이야기는 나오지만, 아내(남편)나 자녀를 버렸다는 언급은 없다는 사실. 다시 말하면, 한 사람의 인생을 결정적으로 바꾸어놓고 예수의 삶에 함께하도록 만드는 예수의 부름말에서 나타나는 현상은 아버지와 직업을 버릴 뿐이다.

예수의 부름말 "나를 따르라"는 말씀은 부름을 받기 이전의 삶을 버리고 즉각 예수를 따르게 하는 권위가 있다. 이 말씀이 기쁘게 들리는 사람은 가지고 있는 모든 것을 다 버려도 아까울 것이 없는 사람일 것이다.

예수를 따라 예수처럼 살고자 결심하고 살아가는 기여민의 가족들은 이미 예수의 이러한 부름말을 받고 응답한 사람들이 아닐까? 예수 같은 분도 자신의 일을 할 때에 보통 사람들을 불러 함께 일하자고 하지 않는가? 예수께서 사람에게 다가가 "나를 따르라"고 말을 거셨던 것처럼 우리도 타인에게 다가가 한 번 권해보자. "저희와 함께해보실래요?" 우리는 예수를 따르며 여성과 민중과 함께합시다.

기쁜 소리 3

회개하라

때가 찼고 하나님의 나라가 가까이 왔으니 회개하고 복음을 믿으라(막 1:15).

1. 들어가며: 현실과 이상 사이에서

"회개하라!" 이 말이 기쁜 소리가 될 수 있을까? 회개하라는 말을 들으면 누구나 기쁘기는커녕 오히려 기분이 나쁘지 않을까? 왜냐하면 이 말은 칭찬의 말이 아니라 내게 경각심을 주는 것이기 때문이다. 이 말은 듣는 이로 하여금 변할 것을 촉구하는 말이다. 내가 뭘 잘못했기에 변하라는 것이지? 이 말을 들으면 기쁨보다는 당혹감이 들 수 있다. 신명이 나기보다는 위축되거나 불쾌해질 수 있다.

회개란 말은 헬라어로 메타노이아^{μετάνοια}, 회개하다는 동사형은 메타노에인이다. 이 말의 뜻은 "돌아서다", "방향을 바꾸다"로,

가치관의 전환, 삶의 변화 등을 나타낼 때 쓰는 말이다. 데살로니가전서 1장 9절을 보면 이방인이 종교를 개종하는 데에도 이 용어가 사용된다. 예수님 외에 세례 요한도 회개하라는 외침으로 유명하다. 둘 다 유대인이므로 하나님을 바꾸지는 않을 테니, 그들이 요구하는 회개의 의미가 종교를 바꾸는 게 아닌 것은 분명하다. 그들이 사람들에게 외쳤던 회개의 요청은 이스라엘 백성들이 당대에 지니고 있던 가치관과 삶의 자세를 바꾸라는 것이었다.

지금 모든 축복을 누리고 있다고 즐거워하는 사람들, 더 이상 바랄 것이 없을 정도로 모든 것을 누리는 사람들에게 회개하라는 메시지는 듣기 괴로운 말일지도 모르겠다. 하나님을 잘 믿고, 하나님의 법을 잘 지키니 복을 받아 부자로 살고, 정치권력을 얻고 사회적으로 인정받는 직업을 갖고, 행복한 가정을 꾸리게 되었다고 감사하며 살아가는 사람들에게 회개하라는 말은 듣기 거북할지 모르겠다. 그러나 지금 세상이 바뀌지 않는다면 희망을 가질 수 없는 사회적 약자들, 즉 가난한 사람들, 고아, 과부, 서자, 병자, 비정규직 노동자, 사회적 소수자(미혼자, 독신자, 외국인 등) 들에겐 기쁜 소식이 아닐 수 없다.

"때가 찼다. 하나님 나라가 가까이 왔다. 회개하라. 복음을 믿으라"는 말씀을 현대말로 바꾸어보면 더 실감 날 수 있을 것이다. "기다리던 때가 왔다. 세상이 바뀌었다. 너도 바뀌어라, 그리고 세상이 변하고 있다는 기쁜 소식(복음)을 믿어라."

회개하라는 것은 바꾸라는 것이다. 이러한 메시지가 괴로운 소리가 아니라 기쁜 소리로 들리는 사람들은 그 시대 그 사회에서 인정받지 못하는 사람들이다. 세상이 잘못되었기에 일어나는 각종 불합리하고도 부조리한 일들에 희생당하는 사람들이다.

2010년 4월. 검사들에게 고급 양주와 여자들을 안기고 비용을 부담하는 식으로 수년간 향응을 대접했다는 사람이 MBC 〈피디수첩〉을 통해 이 사실을 폭로했다. 이 방송을 접한 일반인들은 별로 놀라지 않았다. 그 일은 의심의 여지없이 있을 수 있는 일로 여겨졌다. 결코 새롭거나 놀라운 소식은 아니었다. 우리의 현실이 리얼하게 공적으로 논의되는 일이었을 뿐이다. 이에 대한 파장은 이렇게 이루어졌다. 제소자의 고발 내용을 진위 조사를 했고 그 결과는 다소 향응 대접을 받았으나 대가성은 없다고 말이다. 대가성이 있어야만 뇌물이라고 누가 정의했는가? 힘 있는 자에게 잘 보이기 위한 모든 일이 뇌물이고 아부가 아닌가? 그거 안 해서 일이 안 풀리는 것이라고 가르치며 우리는 잘못된 일을 거듭하면서 이렇게 말한다. "관행이에요."

2010년 5월. 서모 씨라는 조선대학교 시간 강사가 자살을 하며 대학교수 임용 과정 비리를 폭로했다. 사실 서모 씨만 자살한 것은 아니다. 대학의 시간 강사의 인권과 생활 문제는 수년간 논의된 것이고 자살로 생을 마감한 시간 강사가 한두 명이 아니었다. 대학 비리 문제는 알 만한 사람은 누구나 다 안다. 교수 임용에 유리하려고 단독 연구임에도 불구하고 관련 지도교수의 이름으로 공동 연구논문으로 게재하고, 가정사까지 챙기며 봉사하고, 비인격인 대우까지 감수하면서 교수 자리에 목매고 있는 시간 강사들의 문제를 해결할 수 있는 대안을 아무도 내놓지 못하고 있다. 문제 해결 방안이 없는 것이 아니다. 다만 아무도 이 문제를 해결하기 위해 실천하지 않으리라는 전망 때문이다. 우리는 잘못된 일을 거듭하면서 이렇게 말한다. "관행이에요." 문제를 해결할 수 있는 좋은 방법에 대해서는 이렇게 말한다. "아직 시기상조예요" 혹은 "그건 우리 현실에서 먹히지 않아요. 이상일 뿐이죠."

2010년 6월. 또래 여학생을 집단 폭행하고 엽기적으로 시신을 유기하는 일이 우리 사회에서 벌어졌다. 10대 청소년들의 비행은 우리 사회에 이미 오래된 일이지만 이제 그것을 좀더 어린 나이에 벌이고 그 수위가 점점 심각해진다는 점이 문제다. 학내 언어폭력과 왕따 문화, 폭행은 학생들 사이에서뿐만 아니라 이를 지도하는 교사에게까지 이른다는 소식이 들린다. 1315세대를 통제 불능 시한폭탄이라고 해서 'B(Bomb)세대'라고 일컫는다. 초등생이나 중학생이 입에 담지 못할 욕설을 하고 험상궂은 얼굴로 부모나 학교 교사를 대할 뿐만 아니라 폭행까지 하는 현실을 보면서, 우리는 가르치는 걸 겁내며 이렇게 말한다. "누구나 다 그래요, 안 그런 애가 없어요."

우리 사회가 이쯤 되면 "회개하라"는 예수님의 말씀이 달리 들릴 듯하다. 바꾸지 않으면 우리 사회에서 행복할 사람은 없을 것 같다. 그 누군가에게 피해를 당하지 않으려면 내가 먼저 실력을 키우고 남에게 당하기 전에 이겨야 한다는 논리가 서게 되는 것 같다. "너 죽을래?", "너 그러면 재미없어!"라는 협박성 발언이 귀여운 장난의 말이 되어버린 우리 사회!

로마서에서 바울이 지적하는 대로 "불의, 추악, 탐욕, 악의가 가득한 자요 시기, 살인, 분쟁, 사기, 악독이 가득한 자요 수군수군하는 자요 비방하는 자요 하나님의 미워하시는 자요 능욕하는 자요 교만한 자요 자랑하는 자요 악을 도모하는 자요 부모를 거역하는 자요 우매한 자요 배약하는 자요 무정한 자요 무자비한 자"(롬 1: 29-31)들로 우리 사회가 이루어져 있는 것 같다.

우리가 먼저 회개해야, 우리가 먼저 변해야 우리 사회가 사람 사는 세상이 된다. 그것이 하나님이 원하는 나라이다. 회개하라는 말은 변화하라는 말이고 개혁하라는 말이며, 좀더 강도 높게 말하면 혁명하라는 말이다. 사회의 잘못된 일에 대해 관행이라는 말은 더는 하지 말자. 훌륭한 개혁안에 대해 시기상조란 말도 하지 말자. 지금이 아니면 언제가 적절한 때인가? 잘못된 일은 지금 그만두자. 고칠 일은 지금 고치자. 좋은 일은 이상적이라며 거부하지 말자. 누구나 다 그렇다고 잘못된 일을 정당화하지 말자. 바라고 원하는 일은 드라마에만 나온다고 하지 말고 현실에서 시작해보자. 이것이 현실에 만족할 수 없는 종교인들의 선택이다. 예수께서 가르치시니 기쁜 마음으로 회개하는 일에 동참해보자. 변해야만 참 생명이 있다. 바꾸어야만 사람이 살 만한 세상이 된다.

2. 예수의 하나님 나라

지상에서 잠시 살면서 하나님의 뜻을 바로 전하셨던 예수님의 말씀의 중심에 '하나님 나라'가 있다는 것은 세계 신약학회 학자들 모두가 동의하는 내용이다. '하나님 나라'를 '하늘나라'로 바꾸어 표기해버린 마태 때문에 한국 기독교인들은 하나님 나라를 죽어서 가는 내세로 생각하는 것 같다. 그러나 예수님은 '하나님 나라'라는 표현을 쓸 때 내세를 생각하지 않았다.

1) 하나님 나라는 하나님이 왕으로 통치하는 세상

하나님 나라는 하나님께서 지상의 사람들을 향해 직접 통치하시는 나라이다. 쉽게 말해서 인간이 통치하는 나라와 반대 개념이라고 보면 된다. 하나님 나라에서는 하나님이 왕이시다. 인간을 위한 하나님의 통치는 이미 시작되었다. 하나님은 하늘에서 인간의 타락상을 속수무책 바라보시기만을 멈추시고 직접 개입하시기로 하셨다. 하나님은 하늘만 통치하시는 것이 아니라 땅도 통치하신다.

사람들은 예수의 가르침에 반대한다. "이 세상은 여전히 사탄이 지배합니다. 악한 자들이 득세하고 있습니다. 내가 힘을 기르지 않으면 당합니다. 뇌물을 먹여야 공천을 얻을 수 있습니다. 줄을 잘 서야 합니다. 누가 실세입니다." 이렇게 말하면서 자신들이 악을 행할 뿐만 아니라 다른 사람들도 타락시킨다.

그러나 예수님은 이들을 향해 말씀하신다. "하나님은 보이지 않지만 하나님이 우리를 위해 활동하고 계심을 볼 수 있다. '사단이 하늘로서 번개같이 떨어지는 것을 보았다'(눅 10:18). 그러나 아무나 볼 수 있는 것은 아니다. '너희 눈은 봄으로, 너희 귀는 들음으로 복이 있도다'(마 13:16)."

2) 하나님 나라는 가난한 사람들이 백성인 세상

왕 혼자 나라를 이룰 수는 없을 것이다. 나라를 이루려면 백성이 있어야 한다. 하나님의 통치 대상은 그의 통치를 수용하는 자들이다. 부자는 자신의 재산을 믿고 살아간다. 권력자는 자신의 권력을 휘두르는 재미로 살아간다. 교만한 자는 자신이 내세우는 자랑으로 살아간다. 이들은 하나님의 통치를 인정하지 못한다. 예수님의 표현을 의지하면 "가난한 자들이 하나님 나라의 백성이다"(눅 6:20). 그들은 하나님 외에는 의지할 것이 없기 때문이다.

사람들은 예수의 가르침에 대항한다. "가난한 사람이라고 다 착하지 않아요. 가난한 사람들이 더 죄를 많이 지어요. 가난한 사람들은 저주받았고 부자들이 복 받은 거예요. 가난한 사람은 욕도 잘 하고 도적질도 하고 범죄에 근접해 있다구요." 가난한 사람들을 구원해야 한다고. 그들도 잘 먹고 잘살게 해주어야 한다고.

예수님이 말하는 구원은 잘 먹고 잘 사는 것이 아니다. 가난한 자가 짓는 죄는 굶주린 배를 채우기 위해 빵을 훔치는 정도라면 부자가 짓는 죄는 하나님을 무시하는 것이다. 하나님 없이 자신이 축적한 재산으로 살 수 있다고 자부하는 죄이다(눅 12:16-20 참조). 예수님은 말씀하신다. "재물이 있는 자는 하나님의 나라에 들어가기가 심히 어렵도다"(막 10:23), "하나님의 나라에 들어가기가 어떻게 어려운지 약대가 바늘귀로 나가는 것이 부자가 하나님 나라에 들어가는 것보다 쉬우니라"(막 10:24-25).

3) 하나님 나라는 병자가 치유 받는 세상

인간이 만든 세상은 인간을 병자로 만든다. 무한 경쟁에서 이기기 위해 무리한 삶을 살아온 사람들이 병들고, 먹을 것이 없어서 영양실조에 걸린 사람들이 병들고, 심약한 사람들이 귀신에 사로잡혀 고통을 당한다. 왕이신 하나님이 통치하는 나라에선 생명이 회복되고 관계가 회복되는 구원의 역사가 일어난다. 간단한 열감기조차도 사라진다(막 1:30-31 참조). 사람들을 억압하고 괴롭히는 귀신들이 달아난다(막 1:21-28, 34, 39; 5:1-20 등). 고질병인 문둥병(막 1:40-45)이나 몸을 마비시키는 중풍병(막 2:1-12)도 낫는다. 남자들만 아니라 여자들도 치유 대상이다. 소녀에게도 치유의 역사가 일어나고 나이든 여자에게도 치유의 역사가 일어난다(막 5:21- 43).

일반 사람들이 생각하는 것은 이렇다. 건강한 것이 병든 것보다 복되다. 힘 있는 것이 힘없는 것보다 복되다. 윤택한 삶이 빈곤한 삶보다 복되다. 그래서 그들의 가치관에 따라 병든 자를 보면 업신여긴다. 불행한 사람들이 당하는 고통을 어떤 죄의 대가라고 생각한다. 하나님을 잘 믿고 그의 뜻을 잘 이행하면 유복하게 산다고 생각한다. 그러면서 병자나 신체 허약한 사람, 지적 능력이 모자라는 사람들을 멸시한다. 병이나 가난, 무력함 등을 죄의 결과로 여기기 때문에 그들을 죄인 대하듯 한다.

그러나 예수님은 그렇게 보지 않는다. 현재 불행한 처지에 있는 사람들은 이제 하나님의 기적을 보리라고 장담한다. 그들의 불행한 처지는 하나님의 능력이 발휘되는 하나님의 영광을 위해 마련된 것이다. 하나님 나라에서는 무엇이든지 하나님의 영광을 위한 것이다.

4) 하나님 나라는 여자와 어린이도 존중받는 세상

예수님이 지상에서 활동하시던 당시 세상은 남성들이 지배하고 있었다. 남성들이 여성보다 힘이 세다는 이유에서 여성들은 남성을 섬기는 위치에 있도록 했다. 세상은 남성들이 주도했고, 아이들과 여성들은 그들의 부속물이다. 종교와 같이 고급스런 담론은 여성이나 아이들의 것이 아니다. 거룩한 성전에서도 여성들과 아이들은 제단 가까이 갈 수 없다. 마찬가지로 회당에서도 여성들과 아이들이 머물러야 할 곳이 분류되어 있다. 그들은 여자와 아이들이 남자들에게 순종만 잘 하면 된다고 가르친다.

이러한 시대에 예수님은 여성들과도 하나님 나라에 관해 토론한다. 농부들이 이해하기 쉽도록 겨자씨 비유, 씨 뿌리는 자의 비유 등을 말씀해주셨다면, 식구들을 먹이려고 빵을 만드는 여성들을 위해 누룩 비유로 하나님 나라에 관해 설명해주셨다. 아이들을 예수께 가까지 오지 못하도록 제지하는 제자들을 나무라시며 예수는 말씀하신다. "어린아이들이 내게 오는 것을 용납하고 금하지 말라 하나님 나라가 이런 자의 것이니라 내가 진실로 너희에게 이르노니 누구든지 하나님의 나라를 어린아이와 같이 받들지 아니하면 결단코 들어가지 못하리라"(막 10:14-15).

예수님은 하나님 나라 백성들에 가난한 자들뿐만 아니라 사회적으로 아무 힘도 가질 수 없는 여성들과 아이들을 포함시켰다.

3. 예수의 하나님 나라에 참여하려면

1) 마음과 가치관의 방향 전환, 고정관념에서 탈피(회개)

예수님의 하나님 나라는 미래의 것도 내세의 것도 아니다. 그것은 배고프고 고통당하는 사람들이 살고 있는 지금 이곳, 예수께서 활동하고 계신 곳에서 일어나고 있다. 예수께서 말씀하신다. "하나님 나라가 가까이 왔다"(막 1:15). 어느 정도로 가까이 왔느냐고 묻는 자에게 말씀하신다. "너희 눈은 봄으로, 너희 귀는 들음으로 복이 있도다." 그리고 귀신이 물러가는 것과 병자가 치유 받는 것, 배고픈 자들이 배불리 먹게 되는 일을 체험케 하면서 하나님 나라가 왔음을 보여주었다. 그리고 말씀하신다. "내가 만일 하나님의 손을 힘입어 귀신들을 쫓아내는 것이면 하나님의 나라가 이미 너희에게 임하였느니라"(눅 11:20), "사단이 하늘로서 번개같이 떨어지는 것을 내가 보았노라"(눅 10:18).

이전까지 세상을 지배하던 세력이 사탄이었다면, 지금은 하나님이 통치하신다. 하나님 없이 인간이 악한 마음으로 통치하던 기존 나라가 더 이상 지속될 수 없다는 것이 예수의 하나님 나라 도래 메시지이다. 이는 사탄의 통치에 대한 종언인 것이다. 하나님이 선으로 통치하시는 나라가 하나님 나라이다. 하나님이 지금 우리의 행복을 위해 활동하고 계신다.

이 나라에 참여코자 하는 자는 예전에 어울렸던 사탄과 결별해야 한다. 예전의 삶과 같은 삶을 살아서는 안 된다. 과거의 삶에서 돌아서야 한다. 이제까지 세상이 힘 있는 자들의 것이라고 말하며 힘 있는 자에게 붙어서 그들이 강제하는 악에 편승하며 죄짓고 살았다면, 이제 그 악한 세력과 결별해야 한다. 이제까지 부당하고 악한 지시지만 상부에서 내려왔다고 힘없는 자를 무참히 희생시키는 일에 합류해왔다면, 이제 더 이상 그래서는 안 된다. 악하고 잘못된 일을 관행이라고 계속해서는 안 된다. 약자를 희생시키는 불의한 관행들은 타파하고 의로운 새 법안을 만들어 시행해야 한다. 이제까지 남보다 잘난 사람이 되어 남을 누르고 사는 것이 복되다고 여겼다면, 이제는 남과 더불어 화목한 삶을 살아야 한다. 이것이 전통적인 종교 용어로 회개라는 것이다. 돌아서자. 옛날처럼 살지 말자. 새롭게 살자.

예수님은 말씀하신다. "선을 행하는 것과 악을 행하는 것, 생명을 구하는 것과 죽이는 것, 어떤 것이 옳으냐?"(막 3:4). 바울도 편지에 다음과 같이 쓴다. "너희는 이 세대를 본받지 말고 오직 마음을 새롭게 함으로 변화를 받아 하나님의 선하시고 기뻐하시고 온전하신 뜻이 무엇인지 분별하도록 하라"(롬 12:2), "범사에 헤아려 좋은 것을 취하고 악은 모든 모양이라도 버리라"(살전 5:21-22).

나 살기 위해 남에게 행했던 모든 악한 일, 약자 편에 서면 내게도 불이익이 올까 두려워 방관하던 일, 부당한 일을 부당하다고 말하면 불이익을 당할까 두려워 부당한 상부 지시를 수행하는 악을 범하는 일, 이제 모두 그만두어야 한다. 하나님의 거룩한 피조물인 인간의 존엄성을 훼손하는 일, 생명을 위협하고 협박하는 일, 폭행과 음란, 거짓과 부정, 불의, 분쟁, 시기, 사기, 악하고 힘센 자에게 줄서기, 파당 형성 등등 이런 일로부터 그리고 그런 악행을 행하는 자들로부터 등을 돌리는 일(=회개)이 바로 하나님 나라에 합류하는 첫걸음이다.

2) 의로우신 하나님에 대한 전적인 신뢰(믿음)
: 변화에 대한 순응, 의롭고 경건한 길 선택

하나님 나라, 새 세상이 왔으니, 회개하라고 예수님은 기쁜 소식을 전하신다. 변하고 싶다. 그러나 아직도 악한 세력이 여전히 힘을 잃지 않은 것 같아 보인다. 하나님은 보이지 않고, 생명을 새롭게 하시는 하나님의 활동은 눈에 잘 띄지 않으며, 하나님의 활동을 인정한다 해도 그 힘이 미미한 것 같다.

예수의 하나님 나라 도래에 대한 강한 메시지에도 사람들의 인식은 불안할 수 있다. 그뿐만 아니라 세상의 악한 세력들은 끊임없이 우리를 유혹한다. 세상이 변한다고! 웃기지 마라, 절대로 절대로 변하지 않는다. 우리 역사를 들여다보자. 일제강점기 말기에 일본이 한국을 말살하려고 더욱 기승을 부릴 때 김활란을 비롯한 많은 사람은 일본의 힘이 영원하리라고 생각했던 것 같다. 일본은 절대 무너지지 않는다고 생각하고 굴복했던 것 같다. 하나님의 힘이 일본보다 강하다고 믿었다면 이화여자대학교를 폐교하고 몇 년만 기다렸다면 한국사에 떳떳한 이름을 남겼을 텐데, 너무나 아쉽다.

힘 있는 사람들은 이렇게 말한다. "하나님이 너희를 먹이냐, 우리가 너희를 먹이지!" 잃어버린 10년을 되찾고 말겠다고 강자들이 외칠 때 약자들은 떤다. 저 악하고 힘센 것들이 언제 다시 나를 괴롭힐까? 그래서 다시 악한 세력에 굴복하고 편승하도록 만든다. 바른말을 하는 사람에게는 벌을 주고 간이라도 내어줄 듯 충성하는 자에게는 상을 준다. 그러면서 세상의 악한 세력들이 다시금 힘을 모은다. 회개는 사라지고 악한 세상은 더욱 견고해진다.

그러므로 하나님 나라가 왔으니 회개하라는 예수의 메시지가 사람들 사이에서 활성화되려면, 의로우신 하나님에 대한 전적인 신뢰가 있어야 하며 예수가 전하는 하나님 나라의 도래에 대한 믿음이 있어야 한다. 그래서 예수는 하나님 나라의 도래와 회개를 전할 때에 이 기쁜 소식(복음)을 믿으라고 한 마디를 덧붙여야 했다. 하나님 나라의 도래를 의심하는 자는 여전히 악의 세력에 편승할 것이다. 하나님 나라는 나중에 오든 말든, 그런 일은 나 죽은 다음에나 오라고 말하면서 여전히 지금은 작은 악인의 역할을 지속하는 것이다.

4. 나가며

나 개인의 삶과 가치관이 하나님의 뜻에 합당한가라는 질문은 회개하는 삶에서 나온다. 개인의 삶뿐만 아니라 지금 우리가 살고 있는 우리 사회가 하나님 뜻에 합당한가라는 질문도 해야 하는 것이 그리스도인의 삶의 자세이다. 개인의 힘은 매우 미약해 보이고 세상을 변화시킬 힘이 없는 것 같지만, 하나님의 올바른 뜻을 따라 살기로 결심한 크리스천이라면 이 과제에서 면제될 사람은 없다.

사회의 일원으로 사회가 잘못된 방향으로 가고 있다면 과감히 "아니요!"를 말해야 한다. 누군가 잘못된 가치와 제도로 인해 희생 당하기 때문이다. 그들의 희생은 결국 나의 희생이라는 연대 의식이 필요하다. 예수께서 오셔서 하나님 나라의 도래를 선포하고 우리를 향해 돌아설 것을 촉구하셨으니, 그 복음을 믿고 한번 나 자신의 삶도 바꾸어보면 어떨까? 남편도 아내도 행복하지 못했던 과거의 구태의연한 가부장적인 가정도 서로 돕고 사랑하며 협력하는 가정으로 바꾸어보면 어떨까? 소수의 특권층만 혜택을 받던 사회도 부자나 가난한 자 모두 행복한 사회로 만들어보면 어떨까? 돈보다 더 소중한 가치가 있다는 것을 알고 다양한 능력이 인정받는 사회로 만들어보면 어떨까?

더 많은 사람이 행복한 사회, 더 많은 사람이 건강한 사회, 폭력이 없는 사회, 인격이 존중받고 불의와 거짓이 사라진 사회… 하나님이 만드신 모든 피조물이 그 생명의 아름다움을 발휘하며 살아가는 사회…. 어떤 사람은 꿈꾸고 있다고 말할 것이다. 하지만 꿈꾸지 않으면 현실은 달라지지 않는다.

기여민의 활동도 하나님께서 지금 우리를 위해서 활동하고 계신다는 것을 믿고 하나님과 함께한다는 것을 믿기 때문에 이런 사회를 꿈꾸며 나아가고자 하는 것이라 믿어 마지않는다. 예수님의 말씀이 하나 생각난다. "아버지께서 일하시니 나도 일한다."

기쁜 소리 4

먹고 즐기라

예수께서 그들에게 이르시되 혼인 집 손님들이 신랑과 함께 있을 때에 금식할 수 있느냐 신랑과 함께 있을 동안에는 금식할 수 없느니라(막 2:19).

1. 들어가며: 금식과 음식 사이에서

이미 오래전부터 미국에서는 비만증 환자들이 사회 문제가 되었다. 너무나 많은 사람이 비만이기 때문이다. 토크쇼의 여왕이라는 오프라 윈프리도 수년간 비만에 시달려 체중 관리를 피눈물 나도록 해야 했다는 고백이 비만증 환자들에게 위로와 격려가 되었다. 쌀밥과 김치를 주식으로 하는 한국인들은 세계가 부러워하는 날씬 몸매를 가지고 있건만, 언제부터인가 한국에서도 다이어트 열풍이 불었다. 한국인들도 미국인들과 마찬가지로 육식을 위주로 하고 걷기보다는 자동차를 타고 다니고, 움직이는 노동보다는 갇힌 공간에서 일하는 사무직을 선호하기 때문인 것 같다. 단순히

굶는 다이어트, 고기만 먹는 황제 다이어트, 음식과 운동 요법 등 많은 제언이 있다. 하루 세끼를 굶지 않고 꼬박꼬박 먹는 것이 가장 좋은 다이어트 방법이라고 주장하는 사람들도 있다. 다이어트에 성공한 사례들과 다이어트 성공법에 관한 책들이 베스트셀러가 되기도 한다.

필자가 오랜 유학 시절을 마치고 한국에 돌아와서 얼마 되지 않았을 때 만났던 신실한 어떤 집사님의 말을 잊지 못한다. "금식은 축복이에요. 음식을 먹으면 몸이 괴롭다가 일주일 금식을 하면 몸이 가벼워지고 온몸의 병들이 치유되곤 하지요." 13년간 외국에 살면서 정말 성실히 건강한 식생활을 유지해온 필자의 내면에선 '허걱' 소리가 났다. '아니 왜 금식이람? 예수님은 먹고 마시기를 즐긴 분이 아닌가? 진정한 크리스천이라면 예수님이 사람들과 더불어 먹고 마시기를 즐긴 것처럼 먹는 일을 즐겨야 하는 것이 아닐까?' 이런 의문이 생겼다. 필자는 한 끼를 굶으면 머리가 아프고 어지러우며, 기분이 우울해지고 기운이 상실되어 정상적인 활동에 어려움을 겪곤 하였다. 그런데 이 집사님은 어찌 금식을 찬양하는 걸까? 과연 금식이 좋을까 아니면 음식을 섭취하는 것이 좋을까?

2. 금식의 장점

동서고금을 막론하고 사람이 먹지 않으면 죽는다는 것은 알려진 사실이다. 노인이 3주 정도 곡기를 끊으면 목숨을 잃는다고 한다. 종교적으로 강렬한 사람들 중에는 40일 동안 물도 마시지 않으며 금식하는 사람들도 있다. 대학원 재학시절 한 친구가 사십일 금식을 작정하고 순복음교회 최자실 목사님이 운영하는 오산리 기도원에 들어가기 전에 했던 말은 "하나님의 사람이면 살리시고, 아니면 죽여주세요"였다. 수년 뒤 필자의 동생도 똑같은 말을 하면서 사십 일 금식을 실천했다. 내가 경험한 두 사람은 사십 일 금식을 할 때 너무나 마른 사람들이어서 신체적 조건으로는 사십 일 금식과 같은 일이 적절하지 않은 상태였다. 결국 그들은 금식 후 거의 죽을 고비를 겪고는 스스로 걸어 나오지 못하고 병원에 실려 가야 할 형편이었다. 40일을 금식하겠다고 하는 그들의 모진 결심은 죽지 않고 산다면 하나님의 사람임을 입증하고 싶은 간절한 마음일 것이다. 이는 예수님의 공생애 직전 시험 이야기를 흉내내는 것인데, 예수님의 시험 이야기가 전해지는 마가복음 1장 12-13절에 따르면 예수님이 금식을 했다는 표현은 없다. 예수께서 광야에서 40일을 계시면서 사탄의 시험을 받았다고 진술한다. 마태복음과 누가복음이 비로소 광야에 가서 40일을 밤낮으로 금식하셨다고 표현한다(마 4:2; 눅 4:2).

이처럼 사십 일 금식과 같이 탁월한 종교적 인물이 되기 위한 통과 의례처럼 시행되는 것 외에, 일반적으로 종교마다 금식을 일종의 종교적 의례로 실시하기도 한다. 가령 이슬람교에서는 라마단이라고 해서 1년에 한 달 동안 금식을 한다. 물론 한 달 내내 음식과 음료를 끊는 것이 아니다. 해가 있는 동안만 금식을 하고 해가 지면 먹을 수 있다. 즉, 하루에 한 끼, 그것도 해가 진 뒤에 하는 식사이므로 어떤 면에서는 저녁 축제와 같은 분위기를 만들기도 한다고 한다. 라마단은 굶어 죽기 위한 것이 아니라 살기 위한 것이며, 배고픈 사람들을 이해하고 연대하는 거룩한 종교의식이라는 것이다.

예수님께서 지상에서 활동하실 때 유대교에서도 금식이라는 것이 종교의식으로 실시되었다. 마가복음 2장 18절에서 "요한의 제자들과 바리새인들이 금식하고 있다"라고 진술하는 것으로 보아 예수 당시 유대인들은 금식을 종교적 실천으로 시행하고 있었음을 알 수 있다. 그러나 언제부터 금식을 시행해왔는지는 분명치 않다. 일주일 중에서 월요일과 목요일을 금식일로 삼았다고 한다. 금식일에 종일 금식했는지, 혹은 한 끼씩 금식했는지는 알려져 있지 않다. 그러나 정기적인 금식을 실천하면서 자신들의 경건 생활을 지켜왔던 것이다. 음식을 끊는다는 것은, 그것이 한 끼이든 아니면 하루이든, 아니면 여러 날이든 일상성으로부터의 탈출이고 자연적인 삶에 대한 초월일 수도 있을 것이다. 사실 요즘처럼 먹을 것이 풍부하고 마음껏 먹을 수 있어서 비만이 되기 쉬운 상황에선 금식이 구원이 될 수도 있을 것 같기도 하다. 금식은 음식을 만드는 사람에겐 음식을 만드는 노동으로부터의 구원이고, 음식을 섭취하는 사람에게는 음식을 소화하기 위해 움직여야 하는 신체 내 모든 기관에게 휴식을 주는 좋은 현상일 수도 있을 것이다.

3. 음식의 장점

예수님도 유대인이고, 예수님의 제자들도 유대인들인데 이들은 금식하지 않았다. 이러한 모습이 당시 유대 사람들에겐 이상한 일이었다. 남이 우리와 다를 때 용납하기 어려워하는 이치인 것이다. 당시 유대 사람들에게 예수님과 그의 제자들의 행태는 눈에 거슬렸다. 일반 유대인들은 규정대로 일주일에 두 번 금식을 하는데, 그들은 그렇지 않았기 때문이다. 예수님의 제자들이 금식을 하지 않고 식사를 하는 이유는 예수님과 함께하기 때문이다.

예수님은 먹고 마시기를 즐기는 사람이었다(마 11:19). 예수님은 혼자 식사하지 않고 언제나 사람들과 함께 식사하기를 즐기셨다. 마르다의 초청에 응하시고(눅 10:38-42), 바리새인의 초청에도 응하신다(눅 7:36-50). 회당장 야이로의 죽은 딸을 살리신 뒤에 "소녀에게 먹을 것을 주라"고 명하신다(막 5:43). 예수님께서 말씀하실 때 저녁이 되자 함께한 청중들에게 음식을 나누어주라고 제자들에게 지시하신다(막 6:30-44; 마 14:13-21; 눅 9:10-17; 요 6:1-14). 청중들을 금식시키면서 그의 말을 듣도록 하지 않으셨다. 그로 인해 오천 명이 배불리 먹는 기적이 일어났다.

음식을 먹는다는 것은 무슨 의미가 있을까?

1) 그렇다. 한 생명이 생명을 유지하기 위한 필수적인 작업이다. 그렇지만 한편으로 먹지 못하면 죽을까봐 불안해하는 사람들, 그래서 먹고 살기 위해, 먹고 살기 위한 재물을 얻기 위해 무슨 짓

이라도 해야 한다고 강박관념을 가진 사람들에게 예수님은 말씀하신다. "너희가 하나님과 재물을 겸하여 섬기지 못하느니라. 목숨을 위하여 무엇을 먹을까 무엇을 마실까 몸을 위하여 무엇을 입을까 염려하지 말라. 목숨이 음식보다 중하지 아니하며 몸이 의복보다 중하지 아니하냐!"(마 6:24-25). 예수님은 또한 먹을 것이 풍족하여 앞으로 수년간 먹을 걱정은 없다고 행복해하는 부유한 사람도 그날 밤 죽을 수 있다는 사실도 말씀해주신다(눅 12: 12-20).

2) 음식을 먹는 것 자체보다는 **음식을 나눔**이 더 큰 의미가 있다. 나 혼자 배불리 잘 먹고 타인은 배를 곯고 있는 것은 예수님의 삶의 자세에 어울리지 않는다. 예수님은 언제나 함께 식사하는 것을 즐기셨다. 음식은 함께 할 때 의미가 있다. 그래서 음식을 나눈다는 것은 함께 산다는 것이다. 음식은 남이야 죽든 말든 나 혼자 살기 위해 혼자 먹는 것이 아니다. 음식은 나누는 것이다. 나 살기 위해 너를 희생시키는 문화가 아니다. 나 혼자 부유하게 살기 위해 다른 사람들이 나를 위해 희생해야 하는 것이 아니라, 너와 내가 함께 사는 것이다. 공존과 공생, 이것이 예수님이 음식 나눔을 통해 보여주신 진정한 삶인 것이다. 그래서 공동식사가 생명의 역사인 것이다.

얼마 전 수단의 성자로 알려진 이태석 신부의 이야기가 영화화됨으로써 그의 이야기가 세간에 알려졌다. 그가 살아 있었을 때 해주었던 이야기다. 수단의 어느 가난한 집에서 죽 한 그릇을 끓여놓고 엄마와 아빠, 어린아이가 앉아서 아무도 먹지 않고 있더란다. 이유인즉, 어린아이 하는 말이 "아버지가 며칠째 전혀 드시지 못해서, 아버지가 들기 전에는 절대로 자기도 먹지 않겠다"라고 했다는 것이다. 이태석 신부는 죽 한 그릇을 놓고 실랑이를 벌이는 이 가정의 모습이 불쌍한 것이 아니라 매우 아름답고 행복하다고 평한다. 이렇듯 음식은 아무리 적은 양이라도 함께 나눌 때 의미가 있다. 나 혼자 먹어서는 행복할 수 없는 것이 음식인 것이다.

예수님은 절대 혼자 식사하지 않으셨다. 마르다의 초대에도 응하시고(눅 10:38) 바리새인의 초대에도 응하실 뿐만 아니라(눅 7: 36), 경우에 따라서는 삭개오에게 "내가 오늘 네 집에 머물겠다" (눅 19:5)고 말씀하신 것처럼 자신이 직접 함께 식사할 집을 선정하시기도 하셨다. 제자들과의 마지막을 예측하고 계신 때에도 예수님은 제자들과 마지막 만찬을 나누신다(막 14:12-16; 마 26:17-30; 눅 22:7-23; 요 13:21-30). 예수님의 음식 나눔은 단순히 먹고사는 일을 넘어선다. 함께 식사하는 자들의 연대를 가능케 한다.

함께 식사한다는 것은 그들이 하나임을 확인시켜준다. 그래서 유대교에서는 아무나하고 함께 식사하지 않는다. 우리나라 조선시대에도 할아버지와 밥상을 함께할 수 있었던 존재는 집안의 장손뿐이었다. 가족들도 서열을 따라 식사를 나누어서 했다. 할아버지-아버지-장손은 가장 높은 자리에서 가장 좋은 반찬을 먹었고, 여자들은 부엌에서 먹게 하는 집안도 있었다.

유대 사회에서도 아무나하고 함께 식사하지 않는다. 함께 식사한다는 것은 너와 내가 동격임을 표시한다. 예수님이 "세리와 죄인의 친구"(마 11:19)라고 하는 것은 그가 그들과도 함께 식사를 나누었다는 증거이다. 유대인들이 함께하기를 꺼려했던 세리나 죄인과 거리낌 없이 예수께서 함께하셨던 것은 하나님 나라의 도래를 보셨기 때문이다. 하나님 나라는 기존의 체제를 무너뜨리며 다가오는 새로운 질서이다.

3) 예수의 식사는 "하나님 나라의 도래"를 말해준다. 수백 년간 주변 강국의 식민 지배를 받으며 수탈과 착취를 당해온 유대인들에게는 언제나 먹을 것이 부족했을 것이다. 언제부터인가 유대인들의 꿈은 배불리 먹는 것, 기름지고 달콤한 음식을 먹는 것이기도 했다. 지상에서는 이루어지지 않는 것이기에 마지막 구원의 시대에 경험할 수 있을 기대치로 제시되곤 했던 것이다.

예수님은 동시대의 유대인들처럼 구원이 먼 미래에 있다고 보지 않았다. 인간을 향한 하나님의 구원이 그가 살고 있는 현재 이루어지고 있다고 여겼다. 그렇게 때문에 예수님은 사람들과 함께 먹고 마셨다. 이러한 예수님의 행태에 대해 "그는 먹기를 탐하고 포도주를 즐기는 사람"(마 11:19)이라고 사람들은 비난했다. 표준새번역에서는 이 말이 예수에 대한 욕설이라는 점에 착안하여 이 표현을 다음과 같이 번역한다. "그는 먹보요 술고래라." 예수님이 사람들과 더불어 먹기를 즐겼다고 해도 그가 먹보처럼 먹었으리라고는 상상할 수 없다. 게걸스럽게 폭식하거나 과식하는 분이 아니었을 것이 분명하기 때문이다. 그가 식사를 즐긴 것은 식탐 때문이 아니라 즐거움과 감사로 인한 것이다. 하나님이 그의 백성들을 위해 살아 움직이고 역사하시기 때문에 예수님은 어려운 상황 속에서도 즐거움을 놓지 않았다.

하나님이 너희와 함께하신다는 것을 예수님은 "하나님 나라가 너희 가운데 있다"라고 표현하셨다. 하나님이 인간을 위해 일하고 계시다는 증거는 예수님을 통한 기적들이다. 예수님이 나가라고 한 마디 말씀만 하시면 더러운 귀신들이 떨어져 나간다. 예수님이 측은히 여기시고 낫기를 바라시면 치유가 된다. 예수님은 병들고 귀신에게 시달리며 고통당하던 사람들이 해방을 얻는 것을 보시며 기뻐셨다. 사람이 사람답게 살게 된 것이다. 하나님이 바라고 원하시던 일이기 때문이다. 하나님이 행하신다. 하나님이 기뻐하신다. 그러니 예수님께서도 기뻐하실 수밖에 없다. 하나님이 왕으로 활동하시는 하나님의 나라를 보시기 때문이다. 병든 자가 치유 받고 귀신으로부터 놓임을 받으며 진정한 생명을 누리는 것은 하나님 나라의 증거이며, 하나님 나라의 도래로 인한 기쁨이 예수로 하여금 사람들과 함께 즐거워하며 함께 식사하도록 하는 동인이 된 것이다. 예수님은 회당장 야이로의 딸을 죽음에서 일으켜 세우시고 "소녀에게 먹을 것을 주라"(막 5:43)고 명하신다. 먹는다는 것은 살아 있다는 것을 의미하기 때문이다. 죽은 자는 먹지 않는다.

4. 무엇을 먹고 무엇을 금할 것인가 — 구약성서의 음식법

사람이 살기 위해서는 먹어야 한다지만, 개개의 가정의 경우 금기 음식이 있다. 한국 사회에서 사람들이 개고기나 뱀고기를 먹는 다지만, 한국에서도 어떤 가정에서는 그런 음식들이 금기 음식에 속한다. 필자의 가정에서도 그랬다. 심지어 아버지가 고혈압과 중풍으로 쓰러진 이후에는 돼지고기와 닭고기, 고등어가 금기 음식이 되었다. 몸에 해로운 동물성 지방이 많은 음식이라는 것이 이유였다. 아무거나 먹지 않고, 먹을 수 있는 것과 먹어서는 안 될 것을 구분하는 것은 혹시나 함부로 먹다가는 생명의 위험이 오기 때문인 것이다. 가령 버섯과 독버섯을 구별하는 것과 같은 이치라는 생각이 든다.

유대 사회에서는 오래전부터 금기 음식을 선정하고 지키고 있었다. 레위기 11장 1-47절과 신명기 14장 3-21절에 따르면 먹을 수 있는 것과 먹을 수 없는 금기 음식 목록이 나온다. 육지에 있는 동물 중에서는 사반과 토끼와 돼지가 금기 음식에 속하고, 물에서 사는 생물 중에서는 비늘과 지느러미가 있는 모든 생선은 먹을 수 있지만, 지느러미와 비늘이 없는 것, 가령 뱀장어 같은 것을 먹는 것은 금지된다. 또한 하늘을 나는 새들 중에는 상세한 목록을 제시한다. 독수리, 솔개, 물수리, 말똥가리, 까마귀 종류, 타조, 타흐맛, 갈매기, 새매 종류, 올빼미, 사다새, 너새, 황새, 백로 종류, 오디새, 박쥐 등이다. 시체를 뜯어 먹는 새, 밤에 활동하는 새 등으로 위험한 박테리아가 번식되었을 가능성이 많은 새들이다. 또한 날개가 있고 네 발로 기어 다니는 벌레는 위험하므로 금기이고, 그 외 메뚜기와 베짱이 귀뚜라미, 팥중이 종류는 먹을 수 있는 것으로 분류했다(레 11:20-23). 땅을 기는 길짐승 중에서 두더지, 쥐, 큰 도마뱀 종류, 악어, 도마뱀, 사막 도마뱀, 카멜레온도 금기 음식으로 선정했다(레 11:29-30). 식품에 대한 전문적인 지식이 없어도 두더지나 쥐처럼 더러운 바닥이나 땅을 기어 다니며 해로운 것들을 몸에 가득 붙이고 다닐지 모를 동물을 먹으면 안전하지 않으리라는 생각이 상식적으로 든다.

레위기 본문과 비교할 때 신명기의 금기 목록에서 특징적인 것은 먹을 수 있는 짐승의 목록을 제시한다는 점이다. "소와 양과 염소와 사슴과 노루와 불그스름한 사슴과 산 염소와 볼기가 흰 노루와 뿔이 긴 사슴과 산양"(신 14:4-5). 그리고 새들 중에 먹지 못할 것의 목록은 독수리를 위시하여 비슷하고, 뱀이나 도마뱀같이 땅을 기어 다니는 것은 목록을 제시하지 않고 설명으로만 제시했다.

무엇은 먹을 수 있고, 무엇은 먹어서는 안 된다는 음식 규정이 토라에 기록되어 있다는 사실에서 토라에 대한 유대인들의 견해를 엿볼 수 있다. 유대인들에게 토라는 하나님이 주신 법이다. 법을 지키면 살고 지키지 않으면 죽는다. 즉, 법 준수와 생명 유지는 밀접한 관계가 있다. 유대인들은 생명을 주시고 피조물이 살기를 원하시는 창조주 하나님이 그 백성이 살아갈 수 있도록 지침서로 주신 것이 토라라고 생각한다는 것이다. 그러므로 예수님께서 지상에서 활동하실 때 일반 유대인들이 먹는 것과 같은 음식을 드셨을 것이다. 즉, 율법에서 먹어서는 안 된다고 규정한 음식을 굳이 드시지는 않았을 것이라는 점이다. 예수님께서도 일반 유대인들이 먹던 그대로, 밀로 된 빵과 야채, 생선, 올리브, 포도나 사과나 무화과 등 각종 과일을 드셨을 것이고, 성경에 금하고 있는 돼지고기나 토끼고기, 낙타나 사반, 뱀고기나 도마뱀, 장어 등은 들지 않으셨을 것이 분명하다. 이런 음식들은 유대 사회에서 어느 누구도 먹지 않는 것들이기 때문이다.

현대 사회에 적용해보자면, 아무 음식이나 다 먹을 수 있다고 타인이 먹지 않는 음식의 타부를 깨려고 강요하기보다는 남이 안 먹는 음식은 되도록 삼가는 것이 좋을 것 같다. 왜냐하면 식사는 혼자 하는 것이 아니라 함께하는 것이며, 따라서 함께 식사할 때 타인이 불쾌감을 갖지 않도록 배려하는 것이 필요하다. 남이 먹지 않는다는데 굳이 몸에 힘이 된다며 개고기나 뱀고기를 먹어보게 한다거나, 혹은 남이 먹기 때문에 싫은데도 억지로 참고 먹는 것은 음식을 취하는 즐거움에 역행하는 일이기 때문이다.

5. 예수님의 뜻과 서울의 무상급식

제자들이 금식을 하지 않는다는 비난에 대해 예수님은 "혼인집 손님들이 신랑과 함께 있을 때에 금식할 수 있느냐?"(막 2:19)고 반문하신다. 그가 경험하고 있는 현재는 혼인 잔치와 같은 기쁜 때이다. 하나님이 인간의 구원을 위해 일하고 계시기 때문에 즐거운 것이다. 이 즐거움을 예수님은 '하나님 나라'라고 표현했다. 실제로 예수님은 하나님 나라를 혼인 잔치에 비유하기도 하셨다(마

22:1-10).

하나님이 활동하신다는 인식은 시대가 새로워졌다는 인식을 낳는다. 그래서 예수님은 새로운 시대에 옛것은 어울리지 않는다는 말씀으로 대결하신다. "생베 조각을 낡은 옷에 붙이는 자가 없나니, 그렇게 하면 기운 새 것이 낡은 그것을 당기어 헤어짐이 더하게 된다"(막 2:21), "새 포도주를 낡은 가죽 부대에 넣는 자가 없나니 만일 그렇게 하면 새 포도주가 부대를 터뜨려 포도주와 부대를 버리게 되리라. 오직 새 포도주는 새 부대에 넣느니라"(막 2:22)고 말씀하신다.

예수님은 귀신 축출과 병 치유를 통해 하나님 나라의 도래를 보았고, 새 시대가 열렸음을 보았다. 기쁘기 짝이 없다. 진정한 생명의 역사의 실현을 보기 때문이다. 사람이 사람답게 살 수 있게 된 것이다. 기쁨으로 함께 식사하고 이 소식을 전하고 싶어서 입을 열 때마다 하나님 나라에 대해 말씀하신다. 사람들이 그를 떠나지 않는다.

예수께서는 하나님의 말씀을 받으면 먹지 않아도 배고프지 않다고 가르치시는 것이 아니라, 때가 되어도 음식을 먹지 못하는 청중들에게 먹을 것을 주라고 제자들에게 명하신다(막 6:37). 제자들은 예수에게 불가능하다고 말한다. "우리가 가서 이백 데나리온의 떡을 사다 먹이리이까?"(막 6:37). 이백 데나리온이라면 한 가정의 반년 치 생활비이다. 예수는 "너희에게 떡 몇 개나 있는지 가서 보라"(막 6:38)고 이르신 뒤에 그들이 가진 것으로 나누어준다.

그러자 그곳에 모였던 남자만 오천 명이나 되는 많은 사람에게 급식이 가능하게 되었다(막 6:35-44). 가지고 있는 것을 나누면 모두 먹게 된다는 것이다. 사람들은 이것을 기적이라고 부른다. 이전에 없던 일이기 때문이다. 예전에는 모두들 자기 먹기에 혹은 자기 가족 먹이기에 급급했다면, 예수님은 이제 새 시대에는 모든 이가 함께 먹을 수 있다고 보셨던 것이다. 이유는 단 하나, 하나님이 우리를 살리고자 활동하신다는 확고한 믿음 때문이다.

2010년, 서울시장과 서울시 교육청 사이에 초등학교의 무상급식에 관해 의견이 극도로 대립하고 있다. 한국의 어린이들이 고소득층 가정의 자녀이든 저소득 내지 빈곤층 자녀이든 무상교육의 일환으로 무상급식을 하겠다는 서울시 교육청의 결의안에 대해 서울시장은 망국적 포퓰리즘이라며 반대하고 있다. 더 나아가 그는 전국 어린이 무상급식은 미국이나 영국과 같은 선진국에서도 시행하지 않고 중국과 같은 사회주의 국가에서도 실시하지 않는다며 무상급식을 반대하는 광고문을 서울 시민이 낸 혈세 수억 원을 사용해「메트로신문」에 게재하기도 하였다. 미국이나 영국이나 중국이 하지 않는다고 우리나라가 할 필요가 없다는 것인가? 그 나라가 하면 하겠다는 뜻인가? 오세훈 서울시장의 주체의식을 묻고 싶다.

부잣집 자녀까지 공적자금으로 먹일 일이 있냐고 무상급식은 부자 급식이라며 반대하는데, 서울시장에게는 대부분의 시민이 부자로 보이나 보다. 부잣집 아이든 가난한 집 아이든 모두 한국,

혹은 서울의 어린이가 아닌가? 부자도 세금을 내고 가난한 사람도 세금을 낸다. 자녀가 있는 사람만 교육세를 내는 것이 아니라 자녀가 없는 사람도 교육세를 낸다. 부잣집이면 세금도 좀더 많이 낼 것이므로 부잣집 자녀도 먹이는 것이 당연하지 않은가? 새로운 시대 새로운 정책을 펼치고자 하는 것은 정치가만의 뜻이 아니라 모든 시민의 바람인 것이다. 공부도 먹어야 할 수 있는 것이므로 학부모의 입장에선 학교가 책임지고 아이들에게 급식을 해준다고 하면 더욱 편안한 마음으로 직업생활에 더욱 전념할 수 있을 것이고, 따라서 사회 발전에 기여할 수 있을 것이다.

어릴 때부터 무상급식에 무상교육을 받으며 자라난 시민은 자기 자신, 혹은 자기 가정만을 위한 이기적인 사회인이 아니라 진정 거국적 태도로 살아가며 사회와 나라와 세계의 발전에 기여하는 인물이 될 수 있으리라. 무상급식을 시행해보고 싶다. 오세훈 시장의 말대로 무상급식으로 인해 우리나라가 정말 망하게 될지 궁금하다. 부잣집 어린이든 가난한 집 어린이든 모두 함께 먹도록 하자. 기쁨이 넘치는 학교가 되고 정부의 시책을 자랑스럽게 여기는 시민이고 국민이 되고 싶다.

기쁜 소리 5

너와 타인을 위해서 쉬라

또 이르시되 안식일이 사람을 위하여 있는 것이요, 사람이 안식일을 위하여 있는 것이 아니니(막 2:27).

1. 들어가며: 바야흐로 여름 휴가철, 충전의 시간

무더운 여름, 축축한 장마철도 좋고 장마철이 지나 푹푹 찌는 열대야성 무더위가 몰려와도 나는 좋다. 한 학기 동안 수업 준비와 학생들 교육 등으로 에너지를 소진한 후 드디어 충전의 시간을 가질 수 있기 때문이다. 얼마 전 수목 드라마였던 〈최고의 사랑〉에서 독고진이 구애정에게 "방전됐어, 충전해줘!"라는 주문에 구애정이 그의 가슴에 대고 "충~전"을 해주던 귀여운 장면이 떠오른다. 충전~. 인생살이에서 모든 에너지를 소진해보았던 사람만이 그 단어가 주는 간절한 의미를 느낄 수 있는 것 같다.

그렇다. 휴대폰 배터리만 충전해야 하는 것이 아니다. 사람도 마찬가지다. 사람은 물론 기계가 아니지만, 모든 에너지를 다 쏟아놓으면 힘이 빠져 아무 일도 할 수 없다. 더 심하면 병이 난다. 그럼에도 쉬고 있으면 마음이 편하지 않는 것이 현실이다. 1970년대 한국 사회는 '잘살아보세'라는 모토와 함께 진행되었던 새마을운동으로 역동적이었다. 일하는 데에, 공부하는 일에 열심이 없으면 죄라도 짓는 것 같은 분위기였다. 쉼 없이 일하는 것이 자랑인 시기였다. 하루 몇 시간도 자지 않고 세계를 누비며 다니던 김우중 회장은 "세계는 넓고 할 일은 많다"라고 말하기도 했다. 쉬는 시간은커녕 잠자는 시간도 그에겐 아까웠으리라. 그는 결국 늙고 병들었으며 그의 사업은 넓은 세계에 방만하게 확장한 결과 빚더미에 쌓여 남에게 인수되고 말았다. 김우중 씨처럼 우리 사회에는 일중독자들도 많다. 좋아서 하는 일이기 때문에 지칠 줄 모르고 밤낮없이 일을 하는 사람들을 우리는 훌륭하다고 칭찬해왔다. 쉬는 것은 사치라고 말하기도 했다.

이처럼 일 찬양 문화에 길들여진 필자가 유럽에서 13년간 생활하며 놀란 것 중 하나가 사람들이 느긋하고 일보다 여가를 즐긴다는 점이었다. 샐러리맨들은 1년 52주의 10%인 5주를 휴가로 얻는다. 당시 일주일에 40시간 5일 근무가 노동법 규정이었을 때 그들은 38시간으로 줄이는 법 개정을 위해 애쓰고 있었다. 개인의 근로시간이 단축되면 사회의 실업률을 낮출 수 있다는 이유를 내세우면서. 한국에서 사람들은 일하기 위해서, 다시 말하면 사업을 번창하게 하기 위해 사는 것 같은데, 유럽에서 사람들은 쉬기 위해, 인간다운 삶을 위해 일을 하는 것 같았다.

필자는 1993년에서 1996년 사이에 네 차례 이스라엘을 방문했다. 그곳 유대인들 사이에서는 매주 토요일 하루 모든 것이 정지한다. 시장과 상점, 관공서, 택시 등 모든 것이 영업 정지 상태이다. 가족 단위로 회당을 들르기 위해 걷는 사람들이 간혹 눈에 띌 뿐, 마치 숨이 멈춘 것과 같은 고요함이 하루 동안 지배한다. 토요일 밤, 안식일이 끝나는 시간이면 모두 시내로 나와 친구들을 만나고 살아 있음을 즐긴다. 유대 역사에서 오랫동안 지켜온 안식일법이 현재도 엄격히 지켜지고 있는 것이다.

휴식은 충전의 시간이다. 일주일에 하루는 반드시 쉬라는 것이 하나님의 명령이라면 너무나 감사한 일 아닌가? 고용주들은 자꾸 일을 시키려고 하는데, 하나님은 반드시 쉬라고 명하신다. 일요일에도 근무하게 하는 기업도 있고, 1년 365일, 1일 24시간 쉼 없이 영업을 하는 가게도 있다. 우리나라가 비기독교 국가여서일까?

2. 구약성서의 안식일법

안식일을 거룩하게 지키라는 명령은 하나님이 직접 모세에게 주셨다는 십계명 중 제4계명에 포함되어 전수되었다. 십계명은 출애굽기와 신명기, 두 문서에 전해진다.

안식일을 기억하여 거룩히 지키라. 엿새 동안은 힘써 네 모든 일을 행할 것이나 제 칠일은 너희 하나님 여호와의 안식일인즉 너나 네 아들이나 네 딸이나 네 남종이나 네 여종이나 네 육축이나 네 문안에 유하는 객이라도 아무 일도 하지 말라. 이는 엿새 동안에 나 여호와가 하늘과 땅과 바다와 그 가운데 모든 것을 만들고 제 칠일에 쉬었음이라. 그러므로 나 여호와가 안식일을 복되게 하여 그 날을 거룩하게 하였느니라(출 20:8-11).

여호와 너의 하나님이 네게 명한 대로 안식일을 지켜 거룩하게 하라. 엿새 동안은 힘써 네 모든 일을 행할 것이나 제 칠일은 너의 하나님 여호와의 안식인즉 너나 네 아들이나 네 딸이나 네 남종이나 네 여종이나 네 소나 네 나귀나 네 모든 육축이나 네 문 안에 유하는 객이라도 아무 일도 하지 말고 네 남종이나 네 여종으로 너같이 안식하게 할찌니라. 너는 기억하라. 네가 애굽 땅에서 종이 되었더니 너의 하나님 여호와가 강한 손과 편 팔로 너를 거기서 인도하여 내었나니 그러므로 너의 하나님 여호와가 너를 명하여 안식일을 지키라 하느니라(신 5:12-15).

안식일법이 언급된 두 문서 출애굽기 20장 8-11절과 신명기 5장 12-15절을 정리하면 다음과 같다.

1) 안식일법의 기본 내용은 쉼이라는 것.
2) 안식일법 적용 범위는 율법을 지키는 성인 남자는 물론 그의 아내와 자녀, 노예, 가축, 손님까지 모든 생명 가진 존재에게 해당

한다는 것.

3) 안식일법 제정의 근거로 제시된 것은 출애굽기와 신명기에서 서로 차이를 보인다. 출애굽기에 따르면 안식일법의 근거로 하나님의 창조 사건이, 신명기에서는 출애굽 사건이 제시되었다. 일주일에 6일만 일하고 하루를 쉬라는 내용이 안식일법의 핵심이다. 그리고 주인뿐만 아니라 아내와 자식, 노예들과 가축들과 손님들까지, 모든 생명 가진 존재가 쉴 것을 명한다. 노예들까지도 안식할 수 있게 하라는 규정은 유대인들이 노예생활을 해보았기 때문에 약자들의 처지에서 생길 수 있는 것으로 보인다.

안식일 계명 준수는 엄중하게 요구되었다. 바빌론 포로기 이후 안식일 준수는 더욱 강화되어 매우 엄격하게 시행되었다. 안식일을 위반하면 사형에 처할 수도 있었다(출 31:12-17, 35:1-3; 민 15:32-36).

안식일법은 토라 외에 예언서들에도 언급된다. 포로기 이전 예언자들과 포로기 이후의 예언자들 모두 안식일법 준수를 강조한다. 가령 아모스는 안식일에 상업 행위를 금지하고(암 8:5), 이사야는 안식일에 노동 금지와 오락 금지를 명하며(사 1:13, 58:13), 예레미야는 "안식일에 일을 하면 예루살렘은 멸망한다"는 예언을 하기도 한다(렘 17:21-27).

포로기 이후 예언자들은 이스라엘이 바빌론의 포로로 끌려가게 된 원인으로 안식일법을 준수하지 않았던 것을 지적하거나(겔 20:13, 22:26), 안식일에 자행된 상업 행위에 대해 개탄하기도 한다

(느 10:31, 13:15-22).

이처럼 안식일법이 토라와 예언서에 이르기까지 여러 영역에서 수 세기에 이르도록 지속적으로 언급되는 것으로 보아 이스라엘인들에게 중요한 법으로 그 준수가 강조되었음을 알 수 있다.

3. 쿰란 문서에서 안식일법(CD X,14 - XI,18)

쿰란 문서들은 기원전 3세기~기원후 1세기에 기록된 가장 중요한 유대 문헌으로 예수 시대와 신약성서가 기록될 당시 유대인들의 사고방식과 가치관, 종교생활까지 알 수 있는 귀한 자료이다. 특별히 안식일에 관하여 많은 기록이 남아 있으므로 예수의 안식일 논쟁을 역사적으로 이해하려면 쿰란 문서의 안식일에 대한 규정을 검토하는 것이 필수불가결한 과제이다.

소위 다메섹 문서(CD)는 카이로에서 발견되었으나 쿰란 동굴에서 발견된 공동체 규정집인 1QS와 장르적으로 유사할 뿐만 아니라 내용적으로 1QS와 일치하는 부분도 많기 때문에 같은 공동체 문헌으로 평가된다. 안식일법과 관련하여 가장 상세한 내용을 제공하는 본문 X,14-XI,18를 소개하면 다음과 같다.

X,

14 규정에 따라 지켜야 할 안식일에 관하여. 어느 누구도

15 여섯째 날 그 시간으로부터 노동을 해서는 안 된다. 즉 태양이

16 문으로부터 직경 거리 정도 떨어져 있는 그 시간으로부터.

왜냐하면 이는 그가 말씀하신 것이기 때문이다.

17 "안식일을 거룩하게 하기 위해 그 날을 지키라"(신 5:12). 아무도 안

식일에

18 바보 같은 소리나 헛소리를 해서는 안 된다.

이웃에게 무언가를 빌려서도 안 된다. 소유나 이익을 얻을 기회를

바라봐도 안 된다.

19 사업문제나 다음 날 업무에 관해 이야기해서도 안 된다.

20 안식일에 자기 마음대로 일을 처리하기 위해 밭에 나가서도 안

된다.

21 어느 누구도 그가 사는 도시로부터 일천 엘레 이상 나가서는 안

된다.

22 어느 누구도 이미 마련된 식사 외에 먹어서는 안 된다.

그리고 밭에서 썩은 것을 먹어서도 안 된다.

23 거주지에 있는 것 외에 그 어떤 것도 먹거나 마셔서는 안 된다.

XI,

1 사람이 목욕을 하러 가는 도중에 그가 서 있는 곳에서 마셔서는 안

된다. 그릇으로 물을 퍼서도 안 된다.

2 안식일에 자기 소원을 이루기 위해 타인을 보내서는 안 된다.

3 어느 누구도 더러운 옷이나 장 속에 처박혀 있던 옷을 입어서는 안

된다.

4 물로 씻거나 향수를 치지 않은 채로

자기 마음대로 안식일에 금식을 해서는 안 된다.

5 시내 외곽에서 방목을 하기 위해 가축 뒤로 가서는 안 된다.

6 이천 엘레 이상 떨어져 있든 아니든 마찬가지다.

주먹으로 때리기 위해 손을 올려서는 안 된다.

7 무언가 고집 센 것이 있더라도 집 밖으로 끌고 나가서는 안 된다.

그 어떤 것도

8 집 밖으로 가지고 나가거나 밖에 있는 것을 집 안으로 들여와서는

안 된다.

9 꼭 닫혀 있는 그릇을 열어서도 안 된다. 어느 누구도.

10 안식일에 나가거나 들어오기 위해 약(향료)을 운반해서는 안 된다.

자기 처소에서

11 돌이나 흙을 집어 올려서는 안 된다. 안식일에 유모가 출입을 하기

위해 아기를 들어 올려서는 안 된다.

12 어느 누구도 남종이나 여종, 혹은 일일노동자에서 안식일에는 화

내서는 안 된다.

13 어느 누구도 안식일에는 가축이 새끼를 낳는 것을 도와서는 안 된다.

만일 가축이 우물에 빠졌거나

14 혹은 구덩이에 빠졌을 때 안식일에는 다시 이끌어내지 못한다. 어

느 누구도 안식일에는 이방인이 가까이 있는 장소에서 시간을 보

내서는 안 된다.

15 아무도 안식일에는 소유나 이익을 얻기 위해 신성모독을 해서는

안 된다.

16 물구덩이나 그 외 어떤 곳에 빠져 있는 사람을

17 사다리나 장대, 혹은 그 어떤 도구를 사용해 끌어올려서는 안 된다.

안식일에 그 어떤 것도 제단에 가져가서는 안 된다.

18 안식일 제물 외에는, 왜냐하면 다음과 같이 기록되어 있기 때문
이다.

"오직 너희의 안식일만 제외하고는"(레 23:38).

이 본문은 안식일에 해서는 안 되는 사항을 열거하고 있다. 일
종의 금기 목록이다. 구약성서의 안식일법이 쉬는 날, 일하지 않
는 날이라고 원칙적인 규정을 제시했다고 한다면, CD 문서는 안
식일에 해서는 안 되는 일의 목록이라 할 수 있다.

즉, 쿰란 공동체는 무엇이 일이고 무엇이 일이 아닌가를 논하였
고, 그 결과물로 이러한 문서를 기록했다. 그리하여 안식일법의
구체적인 시행령을 기록한 것이다. 그 내용을 분류하여 정리하면
다음과 같다.

1. 말하는 것으로부터 쉼: X, 18, 19(불필요한 말, 어리석은 말, 업무
   관련 말 금지)

2. 경제 행위로부터 쉼: X, 18, 19; XI, 15(차용, 소유나 이익 관련
   일 금지)

3. 먹고 마심으로부터 쉼: X, 22, 23; XI, 1(오직 준비된 음식만 먹
   을 수 있고, 그 외 썩은 것, 준비되지 않은 음식, 음료 금지, 금식 금지)

4. 활동 반경의 제한: X, 21; XI, 14(일천 엘레 이상 외출, 외국인과
   오래 머무는 것 금지)

5. 태도 관련 제한 규정: XI, 3, 6, 11, 12(더러운 옷 착용 금지, 폭행
   과 폭언 금지)

6. 노동으로부터 쉼: XI, 2, 5, 7, 9, 11, 13, 14, 16, 17.

안식일에 해서는 안 될 금지 사항으로 제일 먼저 언급된 것은
어리석은 말을 하지 말라는 것이다. '말하는 것이 노동인가?' 생각
해본다. 물론 현대 사회에서 학자가 연구 논문을 발표한다거나 교
수가 수업을 진행한다거나 하면, 말하는 자에게 노동일 수 있다.
본문에서는 쓸데없는 말이나 어리석은 말을 하지 말라고 한다. 이
런 말을 하는 것은 힘들이지 않고 할 수도 있을 것이다. 그러므로
말하는 사람에겐 노동이 아닐 수 있다. 그러나 그러한 말은 듣는
사람의 마음을 상하게 하고 불필요한 생각을 유발할 수 있다. 그러
므로 쉼을 가질 수 없다. 안식일에 불필요하거나 헛소리를 하지
말라는 것은 타인의 안식을 해치기 때문이다. 안식일은 자신이 쉬
어야 하는 것뿐만 아니라 타인이 쉬도록 해야 하는 것으로 생각했
음을 알 수 있다. 그러므로 업무와 관련된 말이 금지된 이유도 이
해가 된다. 그러므로 본인이나 타인을 쉴 수 없게 하는 말들은 삼
가야 하고, 말을 해야 한다면 마음을 편하게 하는 말, 쉴 수 있게
하는 말 정도는 해도 될 것이다.

경제 행위와 관련된 대화나 일도 안식일에는 하지 못한다. 사람

들은 경제와 관련해서는 쉬고 싶지 않는 본능이 있으므로 이런 대화를 하면 겉보기에는 일을 하지 않는 것 같아도 실제로 뇌를 끊임없이 사용하여 쉬지 못하는 결과를 가져오기 때문인 것으로 사료된다.

안식일은 기쁨의 날, 하나님께 영광을 돌리는 날이다. 그러므로 기쁜 모습으로 하나님을 찬양하는 것이 바른 태도이다. 그러므로 깨끗한 복장을 해야 하며, 금식은 마음을 슬프게 하므로 불가하다. 그러나 요리는 노동이다. 그러므로 준비된 음식을 먹어야 하며, 배고프다고 아무거나 먹어서는 안 된다. 어리석은 말이나 폭언, 폭행 등으로 다른 사람의 마음을 해쳐서는 안 된다.

안식일에는 아무도(본인, 아들, 딸, 노예, 객, 노동자, 가축 등 모든 생명) 노동을 해서는 안 된다. 심지어 물에 빠진 가축이나 사람을 살리기 위한 일도 해서는 안 된다. 아마도 이 일을 노동으로 평가했기 때문이리라.

CD 문서에서 "어떤 그릇으로도 물을 퍼서는 안 된다", "봉인된 그릇을 열어서는 안 된다", "유모는 안식일에 아기를 들어 올려서는 안 된다" 등의 규정은 노동의 종류를 좀더 세밀하고 구체적으로 규정한 예라고 할 수 있다. 이처럼 쿰란 공동체가 안식일 준수를 위해, 노동으로부터 쉼이라는 기본 이해에 근거하여 노동과 노동 아닌 것을 구분하는 일에 심혈을 기울였음을 알 수 있다.

4. 안식일에 대한 예수님의 견해(막 2:23-3:6)

추측건대 예수님이 안식일을 무시하거나, 의도적으로 안식일에 노동을 하셨으리라고는 짐작되지 않는다. 안식일법을 위시하여 십계명 준수는 이스라엘인들에게 준엄한 하나님의 명령으로 여겨졌을 것이다. 아마도 쿰란 문헌에서 안식일에 해서는 안 될 금지 사항이 열거된 것도 안식일법을 잘 지킬 수 있도록 하는 취지에서 이루어졌을 것이다. 그럼에도 마가복음에는 예수님께서 안식일과 관련하여 논쟁에 휘말리는 사건이 소개된다.

마가복음 2장 23절 이하는 예수의 제자들이 안식일에 밀 이삭을 먹는 것을 보고 안식일 준수에 관해 바리새인들이 시비를 걸어옴으로써 시작되는 논쟁 이야기이다. 길을 가는 도중 배가 고파서 밀 이삭을 따먹는 일이 추수철의 가을걷이와 같은 노동이 아닐진대, 과연 제자들이 안식일을 범했는지 여부를 예수님은 논하지 않는다. 이 논쟁에서 예수님은 성경의 예를 들어 안식일의 의미를 상기시킨다. 유대인들이 최고의 지도자라고 여기는 다윗도 법을 어겼다는 것이다. 즉, 제사장만 먹을 수 있는 진설병(빵)을 자신도 먹고 함께 있던 사람들도 먹었다는 이야기를 전하신다. 앞서 쿰란 문서에서 보았듯이 경건한 유대인들이 안식일법을 지키기 위해 무엇이 일인지 아닌지 구분하는 일에 매진했다면, 예수님은 안식일법을 주신 하나님의 의도를 파악하는 일에 집중했다. 결국 안식일법은 사람을 살리기 위해 주신 법이라는 법 정신을 파악하신 것이다. 그러므로 사람을 살리기 위해 법을 어기면서까지 행한 다윗의 행위는 타당하며 오히려 법 정신을 살린 행위이기도 하다. 그리고 다음과 같은 명언으로 안식일의 의미를 천명하신다.

안식일은 사람을 위하여 있는 것이요
사람이 안식일을 위해 있는 것이 아니니(막 2:27).

예수님이 파악하신바, 안식일법의 원래 의도는 사람을 사람답게 살게 하기 위함이다. 인간이 쉼 없이 일하는 노예적인 삶은 하나님 보시기에 좋지 않다. 사람이 사람답게 살게 하시려고 일주일에 하루는 쉬게 하시는 것이 안식일법을 주신 하나님의 의도이다. 안식일이 사람을 위해서 있는 것이라는 말은 안식일이 하나님이 주셨다는 이유로 안식일을 위해 사람을 억압하는 모순을 파악하시고, 안식일법에 담긴 진정한 하나님의 뜻, 즉 법 정신을 파악하신 예수님의 발언이다. 이 말씀으로 예수님은 진정한 휴머니스트로 굳건한 자리를 얻게 된다.

마가복음 3장 1-6절에 또 하나의 이야기가 전해진다. 예수님이 안식일에 병자를 치유했고, 이에 대해 안식일 위반을 문제 삼는 자들과의 논쟁 이야기이다. 직업적인 의사가 안식일에 병자를 고치는 것은 노동일 수도 있겠다. 그러나 예수님은 의사가 아니기 때문에 이러한 논쟁을 벌이는 것은 그를 걸고넘어지려는 의도일 가능성이 높다. 그리고 예수님이 누구를 수술했다거나 하는 노동을 한 것도 아니고, 해서는 안 될 폭언이나 폭행을 한 것도 아니다. 다만, "한가운데에 일어서라"는 말씀 한마디뿐이다. 예수님은 자신을 고발하려는 의도가 있는 줄 아시고 그들에게 말씀하신다.

안식일에 선을 행하는 것과 악을 행하는 것,
생명을 구하는 것과 죽이는 것, 어느 것이 옳으냐?(막 3:4)

유대 사회에서 많은 사람이 하나님이 주신 법이라고 하여 법 준수를 위해 마음을 모으고 지혜를 모으기도 했다. 그러나 그들은 법을 주신 하나님의 마음은 읽지 못했다. 법을 지킨다는 이유에서 사람이나 가축이 위험에 처해 있어도 구하려고 하지 않았다. 그러나 예수님은 하나님의 법이란 사람을 살도록 하기 위해, 그것도 그냥 죽지 못해 사는 삶이 아니라 인간답게 살아가도록 주어진 것임을 알았다. 안식일법도 마찬가지이다.

내가 안식하려고 타인의 생명이나 가축의 생명을 죽음에 빠뜨리는 것은 안식일법을 주신 하나님의 의도에 어긋나는 행위이다. 하나님은 생명을 창조하신 분이므로 그의 모든 피조물이 살기를 원하실 것이기 때문이다. 이처럼 예수의 사상은 철저히 창조 사상에 기초를 두고 있다고 해도 과언이 아닐 것이다.

마가복음 3장 1-6절의 논쟁은 이러한 사실을 보여준다. 그뿐만 아니라 안식일에 구덩이에 빠진 가축이나 동물을 구해주지 못한다는 쿰란 문서의 규정과 비교할 때, 마치 예수가 그러한 내용을 알고 있었던 것처럼 보이기도 한다. 그들과 달리 예수님은 "안식일이든 보통날이든 생명을 구하는 것"이 하나님의 뜻에 합당한 것으로 여겼다.

유대 사회 수백 년 동안 하나님의 명령으로 지켜온 안식일법, 그 법을 지키기 위해 노동과 비노동을 분류하고 상세한 시행령을 제시한 쿰란 문서에 비해 예수의 발언은 "왜 안식일법을 지켜야 하는지?" 묻고 그 해답을 얻은 듯 보인다. 즉, 하나님이 안식일을 지켜 쉬라고 명하신 것은 "사람(모든 생명)이 바로 살아가기 위함"임을 깨달은 자만이 말할 수 있는 이야기이다.

5. 나가며: 너와 타인을 위해서 쉬라

안식일법은 모두 쉬라는 법이다. 쉬지 않고 일하고자 하는 본능이 인간에게 있다. 쉬지 않고 일을 시키고자 하는 욕구가 인간에게 있다. 안식일법은 이러한 욕구와 본능에 제한을 두고 인간은 인간답게 동물은 동물답게 살도록 하기 위함이다. 출애굽기나 신명기에 안식일법의 근거로 창조주 하나님의 휴식과 출애굽 사건이 제시된 것도 이 때문이다. 하나님 같은 전능자도 쉬신다. 하나님은 그의 피조물이 죽도록 일하는 것을 원치 않으신다.

쿰란 문서에서 보았듯이 안식일에 내가 쉬기 위해 다른 생명의 위험을 방치하는 것은 안식일 정신에 위배된다. 안식일법은 사람에게 쉬어가며 일하라는 것이다. 쉼은 살기 위한 것이지 죽음을 위한 것이 아니다. 예수님은 안식일법의 근본 취지를 연구했고, 그것을 깨달았다. 안식일보다 사람이 우선이고, 법보다 생명이 우선인 것이다.

　내가 쉬는 것은 나 자신뿐만 아니라 내 주변 사람들을 위한 것이기도 하다. 왜냐하면 내가 피곤하면 만사가 귀찮고 만나는 사람들에게 친절한 태도를 취하기 어려우며, 무표정하거나 짜증을 내기도 하고 사고가 나기도 하기 때문이다. 마찬가지로 타인이 심히 피곤한 경우에도 그가 실수를 하거나 짜증을 내어 분위기를 망치기도 하고, 그 사람과 다른 사람의 생명에 위험을 가할 수도 있다. 그러므로 내가 살기 위해 타인을 죽이는 일이 없도록, 타인이 살기 위해 나를 죽이는 일이 없도록, 나도 쉬고 타인도 쉬게 하자. 이것이 안식일법을 주신 하나님의 뜻이다.

누가 내 어머니이며 내 형제들이냐

누구든지 하나님의 뜻대로 행하는 자가 내 형제요 자매요 어머니이니라(막 3:35).

1. 들어가며: 새해 첫날

연말연시. 한 해가 아쉽게 마감되고 새로운 한 해가 기대 반 설렘 반으로 시작되는 시절. 이런 시절에 나는 언제나 지난 한 해의 연구 업적과 인간관계를 되돌아보고, 새해 한 해 동안 해야 할 일들과 하고 싶은 일들을 계획한다. 그런 나도 새해 달력을 받으면 나의 계획보다 먼저 가족들 생일부터 찾아서 이름을 적어둔다. 그것은 해마다 나의 어머니가 보여준 연례행사였고, 연초마다 그러한 모습을 보면서 자란 나에게도 그 어떤 일보다 우선해야 하는 새해맞이의 첫 순서이다. 부모님이 돌아가신 뒤에는 생일 대신 기일을 기록한다.

가족은 나를 낳아주고 키워주고 가치관을 형성해준 삶의 원천이기 때문에 돌아가셨어도 부모와의 인연을 끊을 수 없다. 그래서 기일을 기억하고 생전에 베풀어주신 사랑과 가르침을 회고하면서 낳으시고 키워주신 은혜를 기리는 것이다. 우리가 이처럼 부모님을 중히 여기는 것은 물론 조선 사회를 지배했던 유교의 부모 공경이란 가르침에 뿌리를 두고 있지만, 구약성서 안에서 전수되고 있는 십계명 안에도 부모 공경의 계율이 들어 있다. 이처럼 부모와 자식 간에 그리고 형제자매 간에 서로 돌보고 우애를 갖는 일은 동서고금을 막론하고 아름다운 미덕일 뿐만 아니라 인간으로 태어났다면 반드시 지켜야 할 인륜이라고 해도 좋을 것이다.

특별히 요즘처럼 연말연시를 보내고 설 명절이 다가오면 평소보다 더 깊게 부모에 대한 효와 자식 사랑을 표현하고, 그것이 미덕이라고 다시 한번 확인하는 것이 아닌가? 이러한 문화를 가진 한국 사회에서 "누가 내 어머니이며 내 형제들인가?"라고 반문하는 예수님의 말씀은 왠지 기쁜 소리가 아니라 듣기 민망한 말이 아닐까? 왜냐하면 그의 말씀에는 가족주의에 대한 비판의 어조가 담겨 있는 것처럼 보이기 때문이다. 그래서 당혹스럽다. 이것은 비단 나 혼자만의 당혹감은 아니리라. 지금까지 가족주의를 호의적으로 대하던 사람들, 효야말로 인간이 행하는 가장 기본적이고도 바른 일이라고 의심의 여지없이 생각하며 살아오던 사람들에게 예수의 이러한 말씀은 기쁜 소리가 아니라 당혹스러운 말씀이리라.

2. 이야기 맥락

예수님의 이 말씀은 예수님이 귀신들을 축출하고 병자를 고치는 기적을 일으키는 맥락과 연결되어 있다. 예수님의 적대자들이 예수의 기적 행위에 대해 예수님에게 악한 귀신이 들렸다고 소문을 내었다. 이 소문을 듣고 예수의 어머니와 그의 동생들이 그를 붙들려고 찾아온 상황이다(막 3:20-30).

예수님 주변에는 무리가 함께 있다. 무리가 예수님의 가족이 와 있는 것을 보고 예수님께 말씀드린다. "보소서 당신의 어머니와 동생들과 누이들이 밖에서 찾나이다." 이 말을 들은 예수님이 질문을 던진다. "누가 내 어머니이며 내 형제들이냐?" 이 질문은 분명 도발적이다. 일반적으로 누군가 공적인 자리에 있을 때 가족이 사적인 일로 방해하는 일이 거의 없다. 아마도 이 경우도 가족들이 방해하기를 원치 않아 "밖에 서서" 있었을 것으로 짐작된다.

그러나 예수님의 가족이 문밖에 서서 예수님을 찾고 있음을 예수와 함께하고 있는 무리가 이미 알고 이야기할 때에는 이미 방해를 받은 것이고, 그렇다면 그 말을 들은 즉시 일어나 가족을 대면하고 무슨 일인가 묻는 것이 보통일 것이다. 그러나 누가 내 어머니이며 내 형제들이냐고 묻는 예수님의 말씀에는 지금 상대하고 싶지 않다는 의도가 내포되어 있다. 그 다음 말씀은 더욱 심각하게 들린다. 둘러앉은 사람들을 바라보며 그들을 "내 어머니와 내 형제들"이라고 말씀하시는 것이다.

즉, 예수님의 말씀에 의하면, 나를 낳으신 어머니가 어머니가 아니고 내 어머니가 낳으신 형제들이 내 형제들이 아니다. 함께하고 있는 사람들에게 예수님은 내 어머니, 내 형제자매라고 하는 것이다. 이 말씀을 예수의 어머니 마리아가 들었다면 얼마나 섭섭했을까? 정말 예수가 미쳤다고 생각하지나 않았을까 조바심이 난다. 그의 형제들은 형이 정말 귀신이 들려서 가족도 몰라보고 엄한 사람보고 가족이라고 말하는 것으로 오해할 수도 있을 법한 표현이 아닌가?

그러나 다른 한편, 정말 예수님의 혈육은 아니지만 그분의 말씀에 감복하고 그분의 놀라운 기적에 감탄하면서 그분과 함께했던 무리들에게 이 말씀은 어떻게 들릴까? 예수님의 가족으로 인정되는 순간이다. 감격스러웠을 것이다.

어떤 경우에 그렇게 핏줄을 초월할 수 있다는 말인가? 어떤 경우에 남이라도 나의 가족이 될 수 있다는 말인가? 물론 있다. 예를 들면, 입양을 통해 남남인 관계가 자식과 어머니가 될 수 있고, 아버지가 재혼한 경우 계모도 어머니가 된다. 삼국지에 유방과 관우가 그러했듯이 뜻이 맞는 사람들과 '의형제'를 맺어 형님 아우님 하는 관계가 될 수 있다. 의형제 개념은 한국 사회에도 있어 왔다. 외롭다는 이유에서 서로 돕고 살자고, 혹은 신념이 같다는 이유에서 힘을 합치자고, 혹은 사업을 함께하자고 의형제를 맺기도 할 것이다.

예수님의 경우 새로운 가족의 탄생 기준은 그 다음에 이어지는 예수님의 말씀에 해답이 들어 있다. "누구든지 하나님의 뜻대로 하는 자가 내 형제요 자매요 어머니이니라"(막 3:35). "하나님의 뜻대로 하는 자"라면 예수의 형제요 자매요, 심지어 어머니가 될 수 있다는 것이다. 도대체 하나님의 뜻이 무엇이기에.

"하나님의 뜻대로 산다"는 것은 예수님 당시 유대인 모두가 소망하고 노력하는 삶이었다. 그들이 추구하는 최고의 삶이었다. 이는 그들이 가진 종말 의식과 관련된다. 예수 시대에 의식 있는 유대인들은 종말이 가까이 왔음을 감지했다. 다가오는 종말에 있을 하나님의 심판을 염두에 두었다. 하나님의 종말 심판에서 살아남을 수 있는 방법은 오직 "하나님의 뜻을 실천하는 것"뿐임을 그들은 알고 있었다.

종말이 다가왔고, 준비하지 않으면 멸망한다는 종말 의식은 이미 예수님이 태어나기 전, 기원전 2세기부터 유대인들 사이에 만연하던 사상이다. 종말 의식을 그 누구보다도 투철하게 지녔던 사람들은 에세네인들이다. 이들이 남긴 문서(쿰란 동굴에서 발견되었다 하여 쿰란 문서라고 불린다)를 통해 그들의 종말론적 사상이 밝혀졌다. 그들은 그들 시대에 종말을 보게 될 것으로 예측했다. 그리하여 종말 심판에서 살아남기 위해 "하나님의 뜻"대로 살아야 한다고 가르쳤다. 그리고 하나님의 뜻은 다름 아닌 "거룩한 문서"(성서)에 있다고 여겼다. 그렇기 때문에 하나님의 뜻대로 살기 위해서는 성서를 정확히 이해하여야 한다고 생각했으며, 그들의 지도자인 의의 선생만이 유일한 올바른 성서 해석자라고 인정했던 것이다.

그들도 매일 모여 공동으로 노동을 하고 공동으로 성서 연구를 하면서 종말이 올 것을 기다렸지만, 그들에게 '성가족 공동체' 개념은 없었다. 그들은 유대인들이 공유하고 있던 '하나님의 백성' 개념을 지니고 살았으며, 그 백성은 하나님이 능동적으로 맺으신 '계약'으로 인해 이루어진 것이다. 그리하여 그들은 스스로 '계약 공동체'라는 표현을 쓰기도 했다.

예수님은 의의 선생이 활동하던 시대보다 거의 200년 후에 활동하셨지만, 종말 의식이 무르익은 시대적 분위기는 공유했다고 볼 수 있다. 예수님께서 그를 따르는 사람들을 향해 "내 어머니요 내 형제자매"라고 불렀기 때문에, 예수님을 믿고 따르는 초기 교회에서 드디어 '성가족 공동체' 의식이 구현되었다. 그들이 하나님을 아버지로 불렀기 때문이다. 이스라엘 사람들이 하나님과 관계를 계약을 맺은 백성, 즉 하나님의 백성이라는 자기 이해를 지니고 살았다면, 초기 교회 사람들은 하나님의 아들과 딸들로 입양되었다고, 그래서 하나님의 가족이 되었다는 자기 이해를 가졌다고 할 수 있다.

교회 안에 아버지는 없지만, 아마도 '어머니'라는 표현은 사용한 것으로 짐작된다. 교회 안에 여성 어르신들이 특히 공동 식사나 예언 등으로 교인들에게 필요한 것을 제공하는 일을 함으로써 어머니 역할을 하였고, 하나님을 아버지로 부르는 공동체에서 나이 드신 여성에게 어머니라 부르는 것이 신학적으로 별 문제를 일으키지 않았을 것이기 때문이다.

3. 가족 우선주의의 문제점

한국 사회에 가족 이기주의가 도를 넘어섰다는 지적은 이미 오래되었다. 가족 이기주의는 특별히 교육 현장에서 노골적으로 나타난다.

첫째, 가족 이기주의는 사교육 시장에서 나타나는 현상과 관련된다. 남의 집 아이는 죽든 말든 내 자식만 잘되면 그만이라는 생각과 무조건 일등만 하면 된다는 경쟁주의 토대하에서 부유한 사람들은 남보다 차별화된 교육을 위해 사교육비를 기준 없이 책정한다. 값비싼 사교육을 제공할 수 있다면 특권층이고, 특권층만이 좋은 성적을 올리고 좋은 대학에 진학할 수 있게 하겠다는 집념이 작용한다고 해도 과언이 아닐 것이다. 얼마 전부터 서울대학교에 입학하는 학생들의 비중을 강남의 부유층의 자녀들 그리고 외고나 과학고 출신들이 많이 차지한다는 통계가 발표되고 있지 않은가!

둘째, 남이야 죽든 말든 내 자식만 잘되면 그만이라는 가족 이기주의는 결과적으로 학내 폭력을 낳는다. 모든 아이가 초등학교와 중학교를 의무적으로 다니는 현재 상황에서 각 가정의 재정 상황이나 부모의 교육 수준에 따라 자녀들의 문화나 교육 환경이 다르다. 학교에서 특정 학생을 왕따시키는 일도 벌어지고 폭력이 조장되기도 한다. 어떤 지역에서는 아이들의 대화가 너희 아파트는 몇 평이냐고 물음으로써 부모의 부유함의 척도로 자신들의 등급을 매기려고 하는 경향도 있었다.

그뿐만 아니라 부모들은 자신의 수준과 유사한 사람들 그리고 대학 입시에 기여도가 높은 학원들이 밀집해 있는 지역으로 이사를 감으로써 특정 지역의 전셋값이 폭등하는 현상이 나타났던 것이다.

사교육에 그 정도의 비용을 지출한다면 차라리 중고등학생 시절부터 미국 학교를 다니는 것이 낫다고 생각하는 부모들은 조기 유학을 감행하기도 한다. 미국 교육의 수준이 한국 학교에 비교할 수 없기 때문이고, 자식과 헤어져 있더라도 자식의 미래를 위해 감당할 만한 가치가 있다고 여기기 때문일 것이다. 소위 '기러기 아빠'들의 애로는 이렇게 탄생한 것이다.

외국 유학을 성공적으로 마치고 돌아와 교수가 된 사람들을 관찰하는 과정에서 이러한 면을 발견하고, 외국 유학을 나갈 때에는 되도록 공적인 장학금을 받아야 한다고 주장하게 되었다. 즉, 부모가 제공해주는 것을 받아 공부한 사람은 가정의 발전을 생각하고, 정부 장학금을 받으며 공부한 사람은 나라의 발전을 생각한다는 점이다. 아니라고 항변할 사람이 있을지도 모르겠다. 자신은 부모가 주는 돈으로 공부를 했지만 나라의 발전을 생각한다고.

가족 이기주의가 우리 사회에 당연한 것으로 자리를 잡았지만 이는 그리 자연스런 현상은 아니다. 조선시대는 양반도 있고 평민도 있고 상놈도 있는 신분 사회였지만, 양반만 살아서는 안 되고 모두 함께 살아야 한다는 마을 공동체 문화가 있었다. 조선 말기에는 양반이 자신의 자녀뿐만 아니라 자신이 부리는 일꾼의 자녀도 교육시켜 주는 사례들이 있었다.

유교의 가르침에 '수신제가치국평천하'라는 말이 있다. 자기 자신을 잘 지키고 가정을 잘 다스린 사람만이 나라를 통치하고 세상을 평정한다는 것이다. 매우 그럴듯한 말이지만, 일제강점기에 빼앗긴 나라를 되찾으려고 만주나 상하이로 떠나간 조선의 아버지들은 자기 자신도 지키지 못했고 가정도 지키지 못했다. 이런 상황에서 일제는 조선인들이 가정 이외에 관심을 갖지 못하도록 하려고 부모에 대한 효를 강조하고, 부모를 섬기고 자식들을 돌보는 것을 인륜이라고 규정했던 것이다. 또한 박정희 시대, 특히 유신헌법을 제정한 1973년 이후 더욱 '효'를 강조했다. 즉, 효를 강조하는 이면에는 '나랏일, 정치에 관심 갖기보다는, 네 부모에게 효를 다하는 일에나 마음을 쓰라'는 뜻이 담겨 있다는 것이다.

4. 나가며: 가족의 확대(예수 — 교회, 성가족 공동체 — 사회)

"누가 내 어머니이며 내 형제들이냐?"고 반문하는 예수님의 말씀은 가족 이기주의로 인해 병적 현상이 일어나는 우리 사회를 치유할 수 있는 가능성을 제공한다. 예수님은 당시 최고의 가치인 "하나님의 뜻대로 행하는 사람"이면 누구나 어머니와 형제라고, 즉 가족이라고 말씀하셨다.

예수님의 이러한 사상을 구현한 것이 바로 초기 교회이다. 예수 그리스도에 대한 믿음으로 세례를 받은 교회 구성원들은 예수님이 그러했던 것처럼 하나님을 아버지라고 불렀다. 그러므로 교회 안에서 '하나님 아버지'를 부르는 모든 교인은 서로서로 형제자매인 것이다. 가정에서는 아버지일지라도 교회에서는 아버지와 아들이 서로를 형제로 인식했으니, 가부장 사회에서 가부장적 가치를 초월할 수 있는 신학적 기반이 되었을 것으로 사료된다.

이처럼 혈육관계를 넘어서 새로운 가족을 형성할 수 있는 기반을 마련해준 예수님의 말씀은 초기 교회를 가족 공동체로 만들었다. 그러므로 교회의 기본정신은 모든 구성원이 '하나님의 자녀'라는 자기 정체성에 있다고 할 수 있을 것이다.

나는 이제 예수님의 이 말씀이 교회 공동체를 넘어서 가족 이기주의로 인해 상처받은 우리 사회에 적용되면 좋겠다는 생각을 해본다. 요즘 대부분 한국 가정의 자녀는 하나 혹은 둘 정도밖에 되지 않는다. 이러한 사회에서 내 자식만이 남보다 잘 나야 하고, 남들과의 경쟁에서 앞서야 한다는 이기적인 생각은 좀 접어두면 어떨까? 내 아이가 다른 아이들보다 잘나서 자랑스럽다고 하기보다는, 다른 아이들과 잘 어울리고 협동한다고 자랑스럽다고 하면 어떨까? 내가 낳은 아이만이 내 자식이 아니라 이 나라에서 자라는 모든 아이가 우리의 아이들이고, 우리의 미래를 짊어지고 나아갈 우리의 희망이라고 말이다.

예수님의 가족, 하나님의 가족이 되는 것으로 예수님은 "하나님의 뜻대로 행하는 자"를 조건으로 내세웠다. "하나님의 뜻"을 알고 행하려고 쿰란 공동체를 비롯하여 예수 당시 많은 유대인이 고

민했고 성서를 연구했다.

성서 연구가로서 필자가 제시할 수 있는 하나님의 뜻은 다름 아닌 '생명'과 '평화'이다. 하나님은 모든 생명체에게 생명을 허락하신 창조주이기 때문이다. 그는 모든 생명이 행복하고 평화롭게 살아가길 바라신다. 그러므로 내가 살려고 남을 죽이거나 자연을 훼손하는 일이 없이 세계 평화를 위해 살아가는 사람들이 되도록 가르치고 모범을 보이자. 그리하여 우리와 우리의 자녀들, 우리의 부모와 형제들 모두 하나님의 가족으로 살아가도록 설날 아침부터 새로운 각오와 비전을 가져봄이 어떨까. 이것이 예수님을 따르는 길이고, 그의 어머니, 그의 형제자매가 되는 길이며, 사랑의 가족 공동체가 되는 길이다.

기쁜 소리 7

먹을 것을 주라

예수께서 이 일을 아무도 알지 못하게 하라고 그들을 많이 경계하시고 이에 소녀에게 먹을 것을 주라 하시니라(막 5:43).

대답하여 이르시되 너희가 먹을 것을 주라 하시니 여짜오되 우리가 가서 이백 데나리온의 떡을 사다 먹이리이까(막 6:37).

I. 들어가며: 먹을 것과 인생

바야흐로 여름방학이다. 방학은 학생들만 즐거운 것이 아니다. 선생들도 마찬가지로 방학이 좋다. 늘 그렇듯이 대학에 있는 사람들은 방학 동안 무슨 계획이 있느냐고 서로 묻곤 한다. 학기 중에는 강의와 같은 교육을 위해 시간을 들여야 해서 방학이 되어야 연구할 시간을 가질 수 있기 때문이다. 더러는 외국에서 열리는 학회에 참여하기도 하고, 혹자는 연구논문이나 저서 집필을 계획하기도 한다.

이번 여름에 나는 먹는 일에 대한 예수의 가르침을 생각해보고 싶다. 예수님의 기쁜 소리에는 먹지 말라는 것이 없다. 예수님도 남들과 함께 먹고 마시기를 즐기는 사람이었고, 종종 다른 사람들에게 먹을 것을 줄 것을 명하셨기 때문이다. 먹는다는 것은 무엇을 의미하는 걸까?

요즘 우리나라 사람들의 관심은 온통 살 빼기에 있는 것 같다. 너도나도 할 것 없이 저체중을 선호한다. 다이어트에 관한 책을 쓰거나 DVD 영상 자료를 만들어 대박을 터뜨린 사람이 많다. 심지어 얼마 전에는 주일 저녁 TV에서 방영하는 〈개그콘서트〉에서 비만이었던 두 명의 개그우먼의 체중을 재고 줄어든 체중에 환호를 올리던 '헬스걸'이란 코너가 있었는데, 몇 개월 진행되는 동안 많은 관중이 그들의 체중 변화를 보고 놀라워했다.

필자도 예외가 아니다. 중년이 되자 정말 체중이 는다. 아랫배도 나온다. 중년이 되면 1년에 800g씩 증가한다더니 정말 그렇다. 언젠가 체중이 1Kg 늘어서 좀 빼야겠다고 생각했는데 빠지기는 커녕 좀 지나니 1Kg가 더 늘었다. 하는 수 없이 2Kg 감량을 목표로 했지만 한번 오른 체중은 계속 늘더니 지난 5년간 꼭 4Kg이 증가한 것 같다. 그러니 나도 요즘은 금식에 관심이 생긴다. 체중 때문에 고민스러운 것은 중년층만이 아니다. 과체중으로 고생하는 어린이들도 많다. 예전에 매우 비만했던 한 여성의 말이 기억난다. 먹을 것만 보면 자기를 살찌게 한 주범이라는 생각에 혐오스러워 얼른 먹어치워서 눈앞에서 사라지게 하고 싶었다는 것이다. 도대체 먹어야 하나 말아야 하나?

40~50년 전 우리를 키우던 부모들의 목표는 자식들 굶기지 않

고 소고깃국에 흰쌀밥을 먹여 살찌우는 것이었다는데, 요즘 시대 부모들은 자녀를 살찌우지 않게 키우는 것을 목표로 해야 할 정도가 되었다. 도대체 먹여야 하나 말아야 하나?

2. 예수와 식사

예수님이 지상에 살았던 1세기 팔레스타인 지역에 살던 유대인들은 1주일에 두 번 금식하는 것을 종교적 실천으로 행하고 있었다. 규정대로 금식하면서 종교생활을 잘 영위한다고 생각하는 대부분의 유대인과는 달리 예수님은 먹고 마시기를 즐겼다. 마태복음 11장 19절에 따르면 예수는 "먹기를 탐하고 포도주를 즐기는 사람"이었다. 그렇다. 예수님은 '먹는 일'을 즐겼다. 먹고 마시기를 즐겼다고 해서 표준새번역의 표현 같은 "먹보나 술고래"는 예수님의 삶에 적절치 않을 것이다. 누가복음을 보면 예수님은 바리새인이 식사에 초대해도 응하셨다(눅 7:36, 11:37). 마르다와 마리아 자매의 식사 초대에도 응하셨다(눅 10:38-42).

마르다와 마리아의 집에 초청받아 갔던 이야기에서 예수님의 식생활에 대한 자세를 엿볼 수 있다. 예수님을 초대한 후 마르다는 대접을 융숭히 하고 싶어 많은 음식을 차리기에 분주했다. 혼자 음식을 준비하는 데 정신없다가 예수님께 짜증을 낸다. 자기 혼자 일하는 것이 보이지 않으시냐고, 내 동생에게 나를 도우라고 명하시라고 말이다. 예수님은 곧 알아차렸다. 마르다가 짜증이 난 것은 너무 많은 음식을 혼자 준비하기에 힘겨웠다는 사실을. 그래서 마르다에게 말한다. "마르다야 마르다야 네가 많은 음식들을 장만하느라 고생이 많다마는, 한두 가지만 해도 된다"(눅 10:41-42)고 말이다.

음식을 즐긴다는 것은 탐식이나 과식하는 행위가 아니다. 기름진 잔치 음식을 배가 터지도록 게걸스럽게 먹는 것을 의미하는 것이 아니다. 생존을 위해 적절한 것을 감사하며 즐거운 마음으로 먹는 것이다. 예수님은 사람이 살아 있는 동안에 '고행'이 아니라 '즐김'이 하나님의 뜻에 맞는다고 본 것 같다. 주신 음식에 감사하며 먹고 마시고 즐기는 것이 바로 인생의 기쁨인 것이다. 몇 년 전 〈먹고 기도하고 사랑하라〉는 제목의 영화(엘리자베스 길버트 원작, 줄리아 로버츠 주연)가 있었는데, 신이 인간에게 바라는 세 가지를 꼽는다면, 바로 이 세 가지, 먹음과 기도와 사랑 외에 다른 것이 아닐 것이다.

3. "먹을 것을 주라"는 예수의 명령

"먹을 것을 주라"는 예수의 명령은 마가복음에서 두 번 나온다. 한 번은 회당장 야이로의 딸을 치유하고 나서 "소녀에게 먹을 것을 주라"고 말씀하신 것이고, 또 다른 한 번은 여러 날 예수를 따라다니며 먹지 못한 5,000명 정도의 청중을 위해 "너희가 먹을 것을 주라"고 제자들에게 명하신 것이다.

1) 한 명의 급식과 생명

야이로의 딸의 치유 기적 이야기는 마가복음 5장에 나오고, 오천 명 급식 기적 이야기는 마가복음 6장에 나온다. 내용은 다르지만 둘 다 기적 이야기에 속한다. 마가복음 5장 22-43절에 따르면 회당장 야이로가 거의 죽게 된 어린 딸을 구해달라고 예수에게 간구하자 예수는 그 딸을 치유하러 간다. 그러나 아픈 아이에게 예수가 당도하는 길은 만만치 않다. 마가의 서술에 따르면 많은 사람이 무리지어 예수를 따라가며 에워싸 밀고 있다. 그 와중에 혈루증을 앓는 여인을 만나 더욱 시간이 지체된다(막 5:25-34). 결국 그 여인에게 치유 선언을 하고 나자, 회당장의 집 사람들이 와서 죽어가고 있다는 회당장의 딸이 죽었음을 알린다.

마가복음에 많은 기적 이야기가 있지만 죽어가는 회당장의 딸을 치유한 기적처럼 극적인 것은 없다. 보통은 환자와 예수가 만나서 치유가 이루어진다. 만나서 치유를 간청하면 예수가 그 간청을 들어준다. 문둥병 환자의 치유(막 1:40-42)가 그렇고, 시각장애자 바디매오의 치유(막 10:46-52)가 그렇다. 스스로 움직이지 못하고 말도 하지 못하는 중풍병자의 치유는 주변 사람들의 협력으로 그 환자를 예수에게 데려와 대면할 수 있게 함으로써 치유가 일어났다(막 2:1-12).

그런데 회당장 야이로의 딸 치유 이야기는 다르다. 환자를 예수에게 데려오지 않았다. 환자의 아버지가 예수를 보고 간청하는 것으로 이야기가 시작된다. 자녀가 죽음에 임박해서야 비로소 예수

앞에 나타나 그의 발아래 엎드려 예수에게 간청한다. "내 어린 딸이 죽게 되었사오니, 오셔서 내 딸을 살게 해주소서." 이 간청을 듣고 예수는 야이로와 함께 환자가 누워 있는 그의 집을 향한다. 그러나 사람들이 그의 주변을 에워싸 갈 길을 방해하여 시간이 지체된다. 게다가 혈루증 앓는 여인이 예수와 접촉하여 치유되는 이야기가 가미되어 더욱 시간이 지체되도록 이야기가 전개된다. 결국 예수가 회당장의 딸에게 당도하기 전에 아이가 죽었다는 전갈을 듣게 된다. 이로써 치유 이야기는 좌절되는 듯하더니 다음과 같은 예수의 말로 반전을 맞게 된다. "두려워 말고 믿기만 하라"(막 5:36).

"두려워 말라"라는 표현은 구약성서에서도 신약성서에서도 자주 나오는 표현이다. 그 말 다음에는 곧 놀라운 신의 역사가 나타난다. 그러므로 두려워 말라는 예수의 말을 들은 사람들은 이제 이루어질 신의 역사를 기대하게 된다. 이미 아이는 죽었는데, 신이 무슨 일을 하실 수 있으려나. 두려워하지 말라니, 믿기만 하라니….

그 말씀을 하신 뒤 예수는 가장 측근 제자라고 할 수 있는 세 사람, 베드로와 야고보와 요한만 데리고 회당장 집으로 간다. 그 집에서는 아이가 이미 죽었다며 통곡하고 있었다. 통곡하는 그들에게 예수께서 말씀하신다. 너희가 왜 우느냐고, 아이는 죽은 것이 아니라 잔다고. 신약성서에서는 가끔 죽은 것을 자는 것으로 표현한다. 바울이 데살로니가에 쓴 첫 번째 편지에도 나온다. 아마도 다시 살기 위해 잠정적으로 생명이 멈추어 있는 상태, 혹은 활동이 중지된 상태를 의미하는 표현이리라. 예수가 야이로의 딸이 죽은 것이 아니라 잔다고 말했다면 그 아이가 다시 활동하게 될 것을 암시하는 말이다.

예수가 그렇게 말했지만 예수의 말을 믿는 사람은 별로 없다. 성서의 표현에 따르면 그들이 비웃었다고 한다. 이미 죽은 아이가 다시 살 수가 있다는 말인가? 상식적으로 납득할 수 없는 말이다. 예수는 아이의 부모와 자신이 데리고 간 측근 제자들만을 데리고 아이가 있는 곳으로 들어가 기적을 행한다. 죽었다고 하는 아이의 손을 붙잡고 말씀하신다. "달리다굼." 이 말은 아람어다. 번역하면 "소녀야 내가 네게 말하노니 일어나라"는 뜻이라고 마가복음 5장 41절에서 상세히 전해준다. 예수의 기적 이야기에서 전형적으로 나타나듯이 예수가 말하면 기적은 예수가 말한 그대로 일어난다. 소녀에게 일어나라고 말하자 소녀는 곧 일어나 걸었다.

죽었던 소녀가 일어나 걷는 모습을 보고 사람들이 크게 놀랐다고 전해진다. 그 모습을 보고도 사람들은 기적을 인정하지 않을 수 있다. 환영이 움직인다고 여길 수도 있다. 그러므로 소녀가 정말로 살아 있다는 것을 확인시켜주는 방법은 "음식을 먹게 하는 것"이다. 사람이 너무 지쳐 있을 때 우리는 "먹을 힘도 없다"고 말한다. 임종을 앞둔 사람도 먹지 못하고, 죽은 사람은 더더구나 먹지 못한다. 사람이 음식을 먹는다는 것은 살아 있다는 것을 증명해주는 것이다.

2) 오천 명 급식과 생명

오천 명 급식 기적 이야기는 마가복음 6장 31-44절에 나온다. 예수에게 몰려든 많은 무리를 보고 예수는 그들을 "불쌍히 여겨" 가르치기 시작한다. 그에게 다가온 큰 무리를 보고 예수는 "목자 없는 양과 같다"고 여겼다. 양들은 목자의 소리가 없으면 아무것도 할 수 없다. 어디로 가야 할지 무엇을 해야 할지 목자의 소리를 들으며 움직이는 존재가 양이다. 즉, 자신의 생명을 위해 스스로는 아무것도 할 수 없는 존재이다. 이러한 존재들에게 예수는 살길을 알려주고 싶었다. 그가 가르친 내용을 마가복음은 언급하지 않았지만, 참 생명에 관한 것, 하나님의 뜻에 관한 것이었으리라 짐작된다.

예수의 가르침은 소위 대중 강연이라고 할 수 있겠다. 그러나 오늘날 현대 사회에서 이루어지는 것과 같이 정해진 한두 시간을 하고 끝내는 식은 아니었던 것 같다. 예수께서 가르치고 싶은 내용이 많았을 터. 대중 강연을 다녀보면 안다. 청중이 강연을 들을 마음이 있으면 강사는 준비했던 것 이상의 내용을 전하게 된다. 반면 청중에게 강의를 경청한 마음이 없으면 강사는 준비했던 것도 다 전달하지 못한다. 아마도 마가복음 3장 35절에서 "때가 저물어"갈 정도로 예수가 많은 이야기를 해주었고, 청중들이 움직이지 않고 그의 이야기를 경청했을 것으로 짐작된다. 요즘 말로 표현하자면 예수의 강연은 흡인력 있는 강연이다. 그가 말하기 시작하면 집중되고 도저히 중간에 떠나 나올 수가 없다.

그 분위기에 이끌려 예수도 많은 이야기를 해주었을 것이다. 결국 때는 저물고, 제자들은 저녁때가 되었다고 예수께 고한다. 무리를 보내어 촌과 마을로 가서 각자 무엇을 사 먹게 하자고. 제자들이 고하는 말을 듣고서야 예수도 시장기를 느꼈을 것이다. 시간이 많이 흐르면 강의를 듣는 청중도 시장하겠지만 강의를 하는 강사는 더 배가 고픈 법이다. 이야기를 듣는 사람도 듣느라고 에너지가 들지만, 말하는 사람은 몇 배의 에너지가 들기 때문이다.

배고픈 사람이 배고픈 사람의 사정을 안다고, 예수는 시장한 청중들을 보내서 각자 식사를 해결하게 하자는 제자들이 말에 동의할 수 없다. 배가 고플 때는 먹기 위해 어디론가 걸어갈 힘도 없을 뿐만 아니라 마음도 비참해진다. 배가 고프면 곧 먹어야 한다. 예수는 제자들에게 명한다. "너희가 먹을 것을 주라."

예수의 시험 이야기에서 예수는 다음과 같은 구약성서의 한 구절을 인용한다. "사람이 떡으로만 살 것이 아니요, 하나님의 입으로 나오는 모든 말씀으로 살 것이라"(신 8:3; 마 4:4). 이 구절로 인해 기독교인들은 음식보다 하나님의 말씀이 더 귀하다는 가치관을 가지고 있다. 그러나 오천 명 급식 이야기에서 보여주는 예수의 태도는 그 반대이다. 즉, 사람이 말씀만으로 살 것이 아니요 밥도 먹어야 한다는 것이다. 영의 양식만으로 살 수 없다. 육의 양식도 필요하다. 밥이 생명이다. 예수는 귀한 말씀을 전했고 사람들은 그의 말씀에 심취했다. 저녁때가 되어도 떠나갈 줄 모를 만큼. 그러나 굶겨서는 안 된다. 그들이 각자 돌아간다 해도 그들은 무엇을 사 먹을 돈이 없는 가난한 사람들이다. 예수는 이런 사정을 다 알았다.

그러나 너희가 먹을 것을 주라는 예수의 명령을 받은 제자들의 처지에서는 그의 명령이 황당하기만 하다. 그들도 돈이 없기는 마찬가지이기 때문이다. 제자들은 말한다. "우리가 가서 이백 데나리온의 떡을 사다 먹이리이까?" 이백 데나리온이면 일일노동자가 1년 노동을 해서 버는 돈이다. 1년 치 연봉을 하룻저녁 식사로 제공할 사람이 어디 있겠는가? 만일 예수가 이것저것 계산을 하는 분이라면 아무 말도 못 했을 것이다. 현실은 언제나 불가능해 보이기 때문이다. 그러나 예수의 마음을 움직이는 것은 계산의 결과가 아니다. 그저 함께한 사람들을 먹여야 한다는 긴급한 사명감이랄까. 말씀만으로 살 수 있는 것이 아니다. 음식도 먹어야 산다.

필자는 여기서 예수가 하나님의 마음을 읽으셨다는 것을 확인하게 된다. 세상의 통치자들은 내가 너희들을 돌보아줄 터이니 내게 조공을 바치라고 한다. 그러나 하나님은 내가 너희들을 만들었으니 내가 너희를 먹여 살리겠다고 하신다.

긴급한 마음에 예수는 제자들에게 묻는다. 너희에게 떡이 얼마나 있느냐고. 가진 것은 떡 다섯 개와 물고기 두 마리. 예수는 하나님처럼 무에서 유를 창조한 것이 아니다. 마술사들처럼 수리수리 마수리 떡 다섯 개는 이만 개가 되라, 물고기 두 마리는 일만 마리가 되라고 마술을 부린 것도 아니다. 예수는 그저 기도했다. 마가의 표현으로는 "축사"했다고 전한다. 아마도 우리의 식사 기도처럼 "하나님 떡과 물고기를 주심을 감사합니다. 하나님 말씀을 듣기 위해 함께 있는 우리가 이것을 나누어 먹을 때에 어느 누구도 배고픈 사람이 없게 하시고, 기쁨과 생명감이 감돌게 하옵소서." 이런 것일 수 있다. 예수가 바라는 것은 함께 먹는 것 외에 다른 것이 아니기 때문이다.

예수의 간절한 소망은 실현되었다. 사람들은 오십 명씩, 혹은 백 명씩 둘러앉아 모두 배불리 먹었다. 심지어 남은 것도 열두 바구니나 되었다고 한다. 오천이란 남자만 헤아린 숫자이니, 여자와 어린아이까지 포함하면 적어도 이만 명 정도는 되었으리라. 기적이 일어난 것이다. 청중들을 먹이고 싶은 예수의 간절한 마음이 기적을 일으킨 것이다.

4. 나가며

예수님은 한 명의 소녀를 살려내고 소녀에게 먹을 것을 주라고 명한다. 먹는다는 것은 살아 있다는 것의 증거이고, 따라서 먹음은 생명이다. 예수님은 오천 명의 청중에게 강의를 하시고 나서 식사 때가 되자 제자들에게 먹을 것을 주라고 명한다. 때가 되면 먹어야 한다. 먹음은 호화호식이 아니다. 그저 생명을 연장하기 위한 가장 기초적인 행위인 것이다. 한 명이든 여러 명이든 마찬가지이다.

사람들은 살기 위해 돈이 필요하다고 생각한다. 맞는 말이다. 돈은 많으면 많을수록 좋다고 생각한다. 돈을 많이 벌면 성공했다고 남들이 알아준다. 살기 위해 돈을 번다고 시작한 일이 나중에는 돈을 벌기 위해 사는 꼴이 된다. 돈을 벌기 위해 애쓰는 과정에 자신의 진정한 삶에 소홀하게 되고 가족에게도 소홀하게 되며, 심지어 병이 들기도 한다. 그 정도 되어서야 비로소 생명을 위해 참으로 필요한 것이 무엇인지 생각하게 된다.

"먹을 것을 주라"는 예수님의 명령이 나오는 기적 이야기 둘을 살펴보면서 나온 결론이다. 살기 위해 진정으로 필요한 것은 "소박한 하루 한 끼 식사"라는 것. 물론 여유가 있으면 세 끼를 먹을 수도 있을 것이다. 체중이 느는 것은 아무래도 생명 활동보다 먹는 것이 많아서가 아닐까? 예수님이 가르쳐준 기도가 생각난다. "오늘 우리에게 일용할 양식을 주옵소서." 하루에 적어도 한 끼 식사를 할 수 있다면 생명은 유지할 수 있다.

내가 무리를 불쌍히 여기노라

내가 무리를 불쌍히 여기노라 그들이 나와 함께 있은 지 이미 사흘이 지났으나 먹을 것이 없도다(막 8:2).

I. 들어가며

지난 호에 전한 기쁜 소리는 "먹을 것을 주라"는 예수님의 말씀을 묵상한 것이다. 먹을 것을 주라는 예수의 말씀은 마가복음 6장에 오천 명을 먹인 급식 기적을 일으키기 전에 하신 말씀이며 동시에, 마가복음 5장에서 야이로의 딸을 치유하고 난 뒤에 소녀에게 먹을 것을 주라고 하신 말씀이기도 하다. 기적을 일으키는 또 다른 예수님의 말씀으로 "내가 무리를 불쌍히 여기노라"를 생각해본다.

몇 해 전 필자가 몸이 매우 약해 있을 때였다. 대학 캠퍼스를 활보하는 건강한 20대 청년들의 모습에 위축될 뿐만 아니라, 젊은 학생들의 힘이 무섭게 느껴질 정도였다. 나보다 10년 정도 젊은 분도 그런 느낌을 받는다고 했다. 나는 의사를 찾아가 몸이 전과 같지 않다는 것과 당시 젊은이들에게서 두려움을 느끼는 일도 털어놓았다. 그는 진찰을 해보지도 않고 나의 혈색만으로 판단하여 내게 병이 없다는 것을 확신시켜주었다. 그리고 젊은이들을 두려워하지 않아도 된다고 말해주었다. 젊은이들이 지니고 있지 않은 것을 중년층이 지니고 있기 때문이라고. 나는 그것이 무엇이냐고 물었다. 그건 삶의 경험에서 나오는 지혜란다. 젊은이들에게 힘이 있다면 나이 든 사람들에게는 지혜가 있다고.

요즘 나는 젊은이들을 바라보면 두려움이 아니라 오히려 연민의 정을 느낀다. 중고등학교 시절부터 대학입시에 시달려 자유를 잃어버리고, 무엇을 하고 싶은지 어떻게 살아야 할지 생각해보기도 전에 그저 사회와 학교 분위기에 떠밀려 내신 성적에 목매달고, 수능에 목매달고, 그러다 대학에 온다. 대학에 와서는 취업에 목을 맨다. 취업을 위해 성형수술을 하고, 취업을 위해 각종 자격증 시험을 준비한다.

자기 자신의 능력이나 성향, 세계의 흐름, 도덕적인 삶 등에 대해 아무 생각도 없이 살아간다. 그런 생각을 하는 건 사치라고 생각한다. 대학 졸업을 앞두고는 취업하려고 하지만, 막상 하고 싶은 것은 일이 아니라 단지 돈을 벌고 싶을 뿐이다. 그것도 많이. 그러나 현실은 취업도 만만치 않다. 수입이 좋고 안정된 직장을 갖겠다고, 대학을 재수 삼수 하듯 취업도 재수 삼수 사수 오수 한다. 결혼도 자녀 출산도 모두 취업 이후로 미룬다.

취업을 했다고 해서 결혼과 출산이 순조로운 것도 아니다. 취업을 하면 직장 상사에게 인정받는 사람이 되고자 최선을 다하고, 승진하기 위해 모든 시간과 에너지를 사용한다. 그러다 보면 아무도 못 사귀고 결혼은 인생에서 자꾸만 멀어져 간다. 그렇게 나이 들다 보니 성공한 인생이라 하더라도 평생 공부만 하다가, 일만 하다가 죽을 것 같은 위기의식을 느끼는 사람도 많다. 한국의 젊은 이들이 불쌍하다.

이런 마음으로 살다 보니, 복음서에 전하는 예수님의 말씀이 예사롭지 않게 들린다. "내가 무리를 불쌍히 여기노라."

2. 예수님과 측은지심

측은지심惻隱之心이란 말은 불쌍히 여기는 마음에 대한 한자어이다. 이 말은 불교에서 자주 사용되어 거의 불교 전문용어로 인식되는 것 같다. 석가모니도 세상의 중생들을 향해 불쌍히 여기는 마음을 가졌다. 예수님께서 사람들에게 품었던 불쌍히 여기는 마음을 측은지심이라고 표현할 수 있을 것이다. 혹자는 기독교와 측은지심이 무슨 관계가 있을까 하고 의심을 품기도 한다. 이는 그동안 한국의 교회들은 '사랑'에만 집중했고, 종교의 가장 기본적인 태도라고 할 수 있는 '불쌍히 여기는 마음'에 대해 그리 주목하지 않은 데서 오는 것 같다. 측은지심, 즉 불쌍히 여기는 마음은 특정 종교의 것이 아니라 모든 종교에서 지향하는 바이다. 신을 경외하고, 생명을 지닌 모든 존재를 불쌍히 여기는 마음에서 종교는 시작한다.

"하나님을 사랑하고, 네 이웃을 네 몸과 같이 사랑하라"는 것이 예수님 가르침의 핵심이라고 전하고, 사랑이 기독교의 핵심 가르침이라고만 했지 사랑이 무엇이냐에 대해서는 별로 언급이 없었다. 하지만 진정한 사랑은 불쌍히 여기는 마음에서 시작한다.

예수님이 지상에 살았던 1세기경 팔레스타인 지역에 살던 유대인들의 삶은 비참하기 그지없었다. 기원전 586년 바빌론에 의해 유다가 멸망한 이후 이스라엘은 한 번도 독립적 지위를 차지한 적이 없었다. 바빌론 포로기 이후에는 대제국 페르시아의 지배하에 있었으며, 대제국 페르시아를 마케도니아의 젊은 청년 알렉산더가 굴복시켰지만, 알렉산더는 10년 만에 사망했고 그 후로는 이집트가 그리고 시리아가 지배하다가 마침내 예수님 시기에는 로마가 이스라엘을 지배했다. 이처럼 수백 년간 강대국들의 지배를 받으면서 수탈당해온 이스라엘 민족은 삶에 지쳐 있었다. 그들은 알고 있었다. 그들을 지배하는 강대국들이 얼마나 강한지. 감히 대적해볼 엄두도 나지 않았다. 죽도록 일해도 먹을 것이 풍족한 적은 없었다. 삶이란 죽지 못해 살아가는 정도였다.

예수 시대 갈릴래아의 민중들은 주로 노동자나 기술공, 농부였다. 예수의 비유를 통해서 알 수 있듯이 당시 농부들은 대개 소수의 지주들에게 예속되어 있는 소작인이거나 품팔이 농사꾼들이었다. 이들은 예루살렘 성전의 과세와 식민 통치를 하고 있는 로마인들의 과세에 시달렸다. 이러한 이중과세로 인해 민중들은 대부분 가난에 허덕였다.

　수백 년간 식민생활을 하면서 이들은 모든 것을 포기한 듯 보인다. 그러나 내면적으로 이스라엘의 민중은 하나님께 희망을 걸었다. 하나님께서 자신들을 불쌍히 여기시고, 수백 년의 식민 지배에서 해방하기를 소망했다. 이러한 소망은 종말론적 희망으로 나타난다. '하나님께서 하시면 불가능한 것은 없다. 힘이 강해 보이는 강대국들이 아무리 힘이 세 보인다 해도, 하나님과 비교하면 아무것도 아니다. 하나님은 전지전능하신 분, 불가능이 없으신 분, 무에서 유를 창조하시는 분이다.' 종말이 다가왔다는 느낌, 지금 이대로는 더 이상 살아갈 수 없다는 현실감, 지금과 같은 고통은 반드시 끝을 보게 되고 곧 하나님이 역사하실 마지막 구원의 때를 기대하며 견디기 힘든 현실을 지탱해나갔다.

　경건한 이스라엘 사람들은 하나님께 기도할 때면 다음과 같이 한다. "주여, 이 가난한 사람(=불쌍한 사람)을 불쌍히 여겨주소서." 중세기에 예전에서 사용하던 "키리에 엘레이손Kyrie Eleison"도 같은 말이다. 예수님 시대 경건한 유대인들은 자기 자신을 "가난한 사람=불쌍한 사람"이라고 지칭한다. 현대 사회에서는 "가난한 사람"이 오직 경제적 의미로만 축소되어 사용되지만, 예수 당시 유대 사회에서 가난한 사람이란─물론 경제적 의미도 포함하지만─세상의 악에 대해 어떻게 대적하지 못하고 그저 당하고 사는 힘없는 사람, 불쌍한 사람 전체를 통칭하는 말이다. 하나님의 힘 외엔 아무엇도 의지할 것이 없는 사람이다. 경건한 유대인들은 자신의 소유나 재산 고하에 상관없이 자신을 "가난한 사람"이라고 여긴다. 이는 하나님의 도움을 필요로 하는 사람이란 뜻이다.

　예수 당시 존재하던 유대 그룹 중에 에세네파가 있다. 이 그룹은 종말이 임박했음을 가르치고, 종말 심판 앞에서 살아남기 위해 하나님의 뜻대로 살 것을 촉구한다. 그리하여 하나님의 뜻이 담긴 성서 연구에 힘쓰던 사람들이다. 이들이 남긴 〈찬양시집〉(1QH)을 보면 자신들을 종종 "가난한 자"로 표기한다. 가령 이 공동체의 지도자인 정의의 스승이 남긴 찬양시(가령 1QH II, 32)에서 자기 자신을 "가난한 자"로 표기하며, 34열에서는 "불쌍한 자와 보잘것없는 자"라고 표현한다. 성서 전문가들은 에세네파 공동체의 지도자였던 정의의 스승을 요나단의 무력에 의해 대제사장직을 상실하고 피신해 있던 사람으로 여긴다. 요나단은 하스몬 왕가의 세력가인데, 정의의 스승은 생명의 위협을 지속적으로 겪곤 했다. 그럴수록 그는 더욱 하나님을 의지하고 그를 찬양하며, 성서 연구와 해석에 힘쓰고 에세네파 사람들을 가르쳤다. 그가 자기 자신에 대해 표현하는 "가난한 자의 영혼", "불쌍한 자의 영혼", "보잘것없는 자의 영혼" 등의 표현은 다른 인간들과 비교해서 자신을 낮춘 겸양의 표현이 아니다. 이 모든 표현은 같은 하나님 앞에 자기를 자랑하지 않고 오직 하나님의 보호와 능력에 힘입어 살아가고 있음을 인지하는 경건한 자들의 자기 이해인 것이다(이에 대해서는 필자의 논문, "경건한 자의 찬양 — 1QH II, 31-39의 번역과 해설," 「캐논 & 컬처」

2008 봄호, 149-177쪽 참조).

에세네파의 정의의 스승과 예수님과의 차이는 불쌍히 여기는 측은지심에서도 나타난다. 이미 보았듯이 정의의 스승은 하나님 앞에서 자기 자신을 지칭하는 표현으로 불쌍한 자라는 경건의 표현을 쓴 것이다. 반면 예수님은 다른 사람들을 불쌍하게 여길 것을 가르친다. 불쌍히 여기는 마음은 생명 가진 존재들을 향한 하나님의 마음이기도 하다.

3. "먹을 것이 없도다"
— 사람들의 생명을 지탱해줄 양식이 없음을 파악하신 예수님

사람이든 동물이든 살기 위해서는 먹을 음식과 마실 것이 있어야 한다. 최소한 하루 한 끼의 식사를 해결해야 생명을 유지할 수 있다. 마가복음 8장의 이야기에서는 그 무리가 이미 사흘을 함께 했다고 진술한다.

사람들과 장시간 함께했던 예수님은 본인 자신은 물론 함께했던 많은 사람이 시장하다는 것을 알고 있다. 그들을 불쌍히 여기는 근거를 바로 2절과 3절에 표현한다. 함께한 지 사흘이 지났고 이젠 먹을 것이 없다는 것이다. 그렇다고 그냥 집으로 돌아가라고 한다면 사람들이 가는 도중에 기진맥진하게 될 것을 예상하신다. 무리 중에는 먼 곳에서 온 사람도 있다.

일반적으로 공감이란 경험이 있어야 가능하다. 사고를 당한 사람이 얼마나 고통스러운지는 다쳐본 사람이 더욱 절실하게 알 수 있고, 배가 고파본 사람만이 배고픈 사람의 심정을 안다고 한다. 이 이야기에서 예수님은 공감 능력이 탁월하다. 아마도 예수님 자신도 배가 고프셨을 것으로 예상된다. 무리가 집으로 돌아가는 길에 시장하여 기진할 것이 뻔하고, 어쩌면 쓰러질지도 모른다.

마가복음 6장이 전하는 급식 기적 이야기도 이와 유사하게 전개된다. 무리가 예수와 함께 있다. 날은 어두워지고 저녁 식사 시간이 되었다. 예수님도 배가 고프다. 휴식이 필요하다. 보통 사람들은 배가 고프거나 피곤하면 남을 생각할 겨를이 없다. 그러나 예수님은 자신의 피곤과 허기짐만 생각하는 것이 아니다. 예수님은 다른 사람들의 배고픔도 헤아리신다.

6장의 급식 기적 이야기와 8장의 급식 기적 이야기에 공통적인 것이 있다.

첫 번째, 예수님이 함께하는 무리를 불쌍히 여기셨다는 점이다. 불쌍히 여기는 이유는 다름 아니라, 저녁때가 되어 시장할 텐데 그들에게 먹을 것이 없다는 현실에 있다.

두 번째, 그 많은 사람을 먹이기에 먹을 것이 충분하지 않다는 사실이다. 있는 음식으로는 아주 소수만 배부를 수 있다. 그러나 예수님은 망설이지 않는다.

세 번째 공통점을 들자면, 있는 음식을 나눌 때에 모든 사람이 배부르게 되었다는 점이다. 구약성서의 하나님은 무에서 유를 창조하지만, 신약성서의 예수님은 우리처럼 유에서 유를 창조하시는 분이다. 예수님은 사람들이 가지고 있는 음식이 무엇인지 내놓게 하신다. 6장에서는 떡 다섯 개와 생선 두 마리, 8장에서는 떡 일곱 개와 작은 생선 두어 마리라고 기록되어 있다. 아주 작은 음식도 나누면 많은 사람이 배부를 수 있다는 이야기이다.

이러한 기적이 일어나게 된 동기로 필자는 다음과 같은 점을 생각해본다. 무리가 배고픈 상태임에도 그들 자신들의 힘으로는 굶주림을 해결할 방법이 없다. 먹지 않으면 기진하고, 더 나아가 쓰러질 수도, 죽을 수도 있다. 불쌍하게 여기는 마음이란 다름 아니라 그대로 두면 죽을 수 있다는 개연성 앞에서 느끼는 감정인 것이다. 사마리아인의 비유에서 강도를 만나 쓰러져 있는 행인을 보고 사마리아인이 느낀 것과 같다. 이 "불쌍히 여기는 마음"이 사람으로 하여금 사람을 살리게 하는 동인으로 작용한다.

4. 나가며

언제부터인가 우리는 '불쌍하다'는 표현을 타인에게 잘 쓰지 않는다. 왠지 그 말이 상대방을 모욕하는 것처럼 느껴지기도 하기 때문이다. 불쌍하다고 표현하는 순간 "너는 뭐가 그리 대단해!"라는 공격의 말이 쏟아질 것 같이 느껴진다. 불쌍하다는 말보다는 "자랑스러워" "대단해" "훌륭해" 이런 말들을 쓰는 것이 좋다고 생각한다.

어린이들을 위한 위인전이라는 것도 이런 맥락이 아닐까. 불쌍한 사람보다는 잘난 사람, 훌륭한 사람, 본받을 만한 사람 등 이런 사람들만 거론 대상이었던 것 같다. 위인전이 지향하는 바는 종교적 심성을 개발하는 것이 아니다. 타인에게 모범이 되는 인물, 닮고 싶은 인물을 소개하고 닮고 싶어 하도록 하기 위함이다.

예수님이 사람들에게 느끼는 불쌍한 감정은 매우 종교적인 것이다. 불쌍하다고 느끼는 감정은 생명이 죽음 앞에 있을 때 느끼는 숭고한 감정이다. 성인군자가 아니더라도 누군가 치유 불가능한 병에 걸려 죽어가고 있다는 소식을 들으면 대부분 불쌍한 마음을 가질 것이다. 젊은 여성이 영양실조로 죽었다거나, 중고등학생이 왕따에 시달리다가 혹은 대학생이 성적을 비관하여 자살했다는 소식을 듣게 되면 누구나 불쌍한 마음이 들지 않겠는가?

불쌍히 여기는 마음이란 생명을 주신 하나님의 마음이다. 사람만 불쌍한 것이 아니다. 사람들의 생명 유지를 위해 희생되는 모든 동물과 식물에게도 불쌍히 여기는 마음을 가져야 할 것 같다. 죽음에 봉착한 모든 생명 앞에서 느끼는 안타까운 심정이 바로 불쌍히 여기는 마음이다. 그냥 버려두면 죽을 것 같은 생명을 불쌍히 여기는 마음은 그 생명을 살리는 방향으로 행동한다. 예수님이 수천 명을 먹여 살리듯이.

봄과 들음 그리고 기억

너희가 눈이 있어도 보지 못하며 귀가 있어도 듣지 못하느냐 또 기억하지 못하느냐(막 8:18).

l. 들어가며: 종교와 인식 능력

종교는 깨달음이다. 깨달은 자는 사람들이 겪고 있는 인생의 고뇌에 대해, 그것이 어디에서 연유하는지 그리고 그것에서 벗어나는 길은 무엇인지 알려주고 싶어 한다. 부처의 설법이나 예수의 가르침이 다 그런 것이다. 분명히 깨닫고 보면 문제는 간단한 것인데 깨닫지 못한 사람들은 늘 사는 일이 고달프고 힘겹다.

예수님과 관련된 이야기인 복음서를 보면, 종교적 진리를 깨달은 예수님은 깨닫지 못한 제자들을 가르친다. 자신이 깨달은 바를 함께 나누고 싶음이리라. 예수님의 깨달음은 한 마디로 하나님 나라가 왔다는 것이다. 다시 말하면, 신께서 지금 우리의 구원을 위해 활동하고 계시다는 것이다. 얼마나 감격스럽고 기쁜 일인가! 세상 사람들은 가난하다고 괄시하지만, 예수님은 복되다고 선언하신다. 세상 사람들은 병든 사람을 그가 지은 죄의 값이라고 천대하지만, 예수님은 병든 사람들이 신의 영광을 위해 존재한다고 축복한다. 그들에게서 신의 크신 자비와 놀라운 능력이 발휘될 것이기 때문이다. 그들은 하나님 나라의 백성이다. 신은 그들을 통해 그 자신의 역사를 보이실 것이다.

예수님 시대 유대 사람들에게 신이란 멀고도 먼 당신이었다. 그의 백성들은 지상에서 고생고생하고 죽지 못해 어쩔 수 없이 살아가고 있는데, 신이 아무 말이 없다고 생각했다. 신이 하늘에서 묵묵히 바라만 보신다고 생각했다. 구원은 나중 일이다. 지금은 고생뿐. 신이 침묵하는 이유로 유대인들은 자신들이 너무나 많은 죄를 지어 손을 쓸 수 없기 때문이라고 생각했다. 병든 사람들, 귀신들린 사람들, 가난한 사람들, 이들이야말로 더더욱 죄지은 사람들이라는 것이다. 신이 이유 없이 사람에게 고통을 주지 않는다고 여긴 그들은 그나마 한자리하는 사람들, 지식이 있는 사람들, 건강한 사람들은 신의 비호 아래 복 받고 살고 있으며, 그렇지 않은 사람들은 죗값을 받고 있다고 여겼다. 요즘 우리 시대 샤머니즘적 이해와 유사하다.

예수님이 깨달음을 전한다 해도 예수님의 말씀을 듣는 모든 사람이 듣는 것은 아니다. 아는 만큼 보인다나? 바라는 만큼 들린다나? 같은 자리에 앉아 있어도 누구는 듣고 감동을 받는다 하지만,

누구의 귀에는 들어가지도 않는다. 예수께서는 그런 사실을 알기 때문에 말씀을 하시고 나서 "들을 귀 있는 자는 들으라"(막 4:9)고 외치신다. 귀를 가지고 있어도 모두 듣는 것은 아니기 때문이다.

마가복음 8장 18절의 "너희가 눈이 있어도 보지 못하며 귀가 있어도 듣지 못하느냐 또 기억하지 못하느냐"라는 예수님의 말씀에는 들음을 포함해서 봄과 기억이 첨가되고 있다. 제자들의 수군 거림을 듣고 하시는 말씀이다. 수군거림은 예수의 가르침이 그들의 마음에 들어가지 못했기 때문에 나타나는 현상이다. 깨닫지 못한 중생은 깨달은 자의 가르침을 이해하지 못할 때가 많다. 예수님의 답답한 마음은 세 가지 차원에서 언급된다. 봄과 들음과 기억.

2. 봄으로서 인식하기: 그리스적 사유

필자는 듣는 것을 좋아한다. 중고등학교 시절 학교 공부를 할 때도 종종 라디오를 들으면서 했다. 사실 지금도 그렇다. 요리를 할 때, 연구논문을 준비하거나 작성할 때, 아무 일도 하지 않고 쉴 때, 기회가 되는 대로 라디오를 듣는다. 라디오와 함께라면 외롭지 않다. 누군가와 연결되어 있다는 생각이 든다. 음악을 주로 듣지만, 음악 해설을 듣기도 하고 간단한 멘트를 듣기도 한다. 중고생 때 즐겨 들었던 방송은 〈밤을 잊은 그대에게〉였다. 가끔 라디오 드라마를 듣기도 했다. 소리를 듣기만 해도 장면이 연상되기 때문에 불편하지 않다. 라디오가 좋은 것은 들으면서 내 할 일을 할 수 있다는 점이다. 내 일에 몰입하면 라디오가 잠시 들리지 않기도 한다. 라디오의 음악에 몰입되면 내 일을 잠시 쉬는 것이다. 그렇게 라디오 듣기를 즐기며 지낸다.

한국 사회에 TV가 생산 보급되어 나오자 라디오의 시대가 끝났다고 단언한 사람도 있었다. 눈으로 장면을 보니 더욱 확실하게 인식된다는 것이다. TV는 보고 듣는 두 가지 일이 동시에 이루어지도록 만든다. 더욱 분명한 인식이 되리라는 것에 이의가 없다. 그러나 나는 여전히 TV보다 라디오를 더 좋아한다. 라디오는 들으면서 상상을 할 수 있는 반면, TV는 화면을 바라보며 소리까지 듣기 때문에 자유로운 상상을 하기 어렵고 TV 방송 제작진의 의도에 따라 시청하게 되는 것 같다. 라디오는 들으면서 내가 하는 일을 할 수 있는 반면, TV를 보면서 할 수 있는 일은 별로 없다. 그냥 누워서 쉬는 것 외에 다른 것을 할 수 없다. 그냥 꼼짝 못 하고 TV 앞에 앉아서 보여주는 대로 보고, 들리는 대로 들을 뿐이다.

옛말에 '백문이 불여일견'이란 말이 있다. 백 마디 말을 듣고 인식하는 것이 한 번 보고 인식하는 것만 못하다는 것이다. 그만큼 보는 것은 듣는 것보다 강한 인상을 준다. 그래서 요즘은 대학 강의도 말로만 하지 않고 파워포인트로 보여주면서 진행하기도 한다. 마치 애플사의 스티브 잡스가 살아생전에 새로운 제품이 계발되면 상품 설명회를 하듯이 말이다.

예배 때에도, 설교도 말로만 하지 않고 파워포인트를 사용하는 교회도 있다. 찬송을 그림처럼 앞의 큰 화면에 띄우고, 설교문도 중요한 부분이나 성경 인용문을 앞에 띄우기도 한다. 글자를 보면 소리만 듣는 것보다 깊은 인상을 주리라 생각하기 때문이다. 그러나 이상하게도 보는 순간 다 아는 것 같이 느껴지지만, 화면이 꺼지면 머릿속에선 모든 것이 사라지는 것 같다. 책을 보고 있으면 다 아는 것 같지만 책을 덮고 방금 무엇을 읽었는지 생각하면, 쉽게 생각나지 않는다. TV도, 파워포인트도 꺼지고 나면 아무 생각도 남지 않는다. 수첩이나 공책에 기록해두어 나의 기록물을 다시 보기 전에는 말이다. 요즘 유행하는 스마트폰도 마찬가지이다. 모든 지식과 해답이 스마트폰에 저장되어 있다는 위대한 착각 속에 스마트폰이 꺼져 있으면 사람의 머리엔 막막한 어둠뿐이다.

토를라이프 보만Torleif Boman이라는 학자는 『히브리적 사유와 그리스적 사유의 비교』라는 책에서 두 민족이 사유 방식이 매우 대조됨을 밝혔다. 그리스 사람들이 눈으로 봄으로써 존재와 사물을 인식했다면, 히브리 사람들은 귀로 들음으로써 존재를 인식하고 신과 교제했다는 것이다. 그리스 사람들도 히브리 사람들 못지 않게 종교적이다. 그들은 신의 존재가 하나가 아니라 매우 다양하다고 여겼다. 히브리 사람들과 마찬가지로 신은 보여질 존재가 아니라고 여겼다. 그렇지만 봄으로써 인식하고 사유하는 그리스인들은 신의 모습을 그리거나 조각하여 형상을 만들었다. 신은 볼 수 없는 존재이지만 그의 존재는 다양한 모습으로 현존한다. 볼 수 없는 신을 보고 싶은 그리스인들은 신의 형상을 만들어서 보고 지냈다. 볼 수 없는 신들을 섬기기 위해 그리스인들은 신전을 건축

하고 성대히 제사를 지내기도 하고 신의 음성을 듣고 싶으면 신전에 들어가 기도하기도 했다.

3. 들음으로써 인식하기: 히브리적 사유

그리스인들과 완전히 다른 사유 방식을 보여준 것은 히브리인들이다. 히브리인들도 그리스인들처럼 일찍부터 신을 생각했다. 그들은 자신들을 신과 계약을 맺은 특별한 백성이라고 여겼다. 그것도 신이 먼저 계약을 체결하자고 했다는 것이다. 히브리인들에게도 신은 보이지 않는다. 신을 보는 자는 죽는다.

이스라엘 백성을 이집트의 노예생활에서 이끌어내도록 소명을 받은 모세도 신을 소리로만 만났지 직접 보지는 못했다. 그가 본 것은 신의 모습이 아니라 불에 타오르는 떨기나무였다. 신은 "모세야 모세야" 부르시면서도 "이리로 가까이 오지 말라"고 지시하신다. 신께서 "나는 네 조상의 하나님이니 아브라함의 하나님, 이삭의 하나님, 야곱의 하나님이라"고 자신을 소개하자 모세는 "하나님을 뵈옵기를 두려워하여 얼굴을 가렸다"(출 3:1-6 참조).

모세가 신의 지시를 받으러 시내산으로 올라갔을 때도 비슷하다. 산 위에서 신이 모세를 부르지만, 시내산에는 구름과 연기가 자욱하여 모세는 신의 모습을 볼 수 없었다. 그가 본 것은 빽빽한 구름과 연기뿐이고, 오직 신의 음성을 들었을 뿐이다(출 19:1-25 참조). 신을 보려고 하는 자는 죽음을 맛볼 뿐이다.

신은 세상에 있는 모든 것을 만들었을 뿐만 아니라 인간의 삶과 역사에도 개입한다. 그 방식은 말씀이다. 신은 언제나 말씀만 하신다. 세상을 창조할 때도 말로 하고, 이스라엘을 이집트에서 해방시킬 때에도 모세를 불러 말로 지시한다. 당신의 뜻을 전하고 싶을 때는 사람을 불러 전하라고 한다. 이스라엘 역사에 등장했던 수많은 예언자(대언자)가 모두 신의 음성을 들었을 뿐이다.

그렇듯 이스라엘 사람들은 하나님을 소리로 인식한다. 신의 뜻은 봄이 아니라 들음으로 안다. 신이 아무리 말을 해도 사람들이 귀를 막고 안 듣겠다면 어쩔 수 없다. 많은 경우 신의 음성을 듣기 싫다고 예언자를 죽이기도 했다. 말은 존재가 보이지 않더라도 신의 의지를 인식하게 해준다. 말은 듣는 이와 말하는 자를 하나 되게 해준다. 그러면서 동시에 말은 말하는 자와 말을 듣는 자 사이에 거리를 두게 한다. 신은 신이고 인간은 인간이다. 화자와 청자의 구분이 명확하다. 이스라엘 사람들은 말씀하시는 신에게 귀 기울이며 그의 백성의 삶을 살고자 노력했다. 신에게 순종하는 것은 그의 말을 듣고 따르는 것을 의미한다. 신에 대한 불순종은 그의 말을 듣지 않는 것이다. 이스라엘에서 '죄'라고 규정된 것은 신의 말을 듣지 않고 신의 법을 따르지 않는 것이다.

기록된 거룩한 문서도 눈으로 보는 것이 아니라 소리로 듣는다. 읽으며 소리를 내야 제대로 경전을 읽는 것이다. 글자를 눈으로 보는 것은 신의 뜻을 새길 수 있는 방법이 아니다. 그것은 글자 구경이지 경전을 읽는 태도가 아니다. 신의 뜻은 봄으로 오는 것이 아니라 귀로 들음으로 들어온다. 이스라엘인들이 이처럼 독경을 강조한 것은 보는 것보다 듣는 것이 마음에 새기기에 더 적절하다고 판단했기 때문이리라.

말로 인식하는 데 능한 사람들이 히브리인이라고 보만은 말한다. 구약성서에서는 신의 뜻을 전할 때 다음과 같이 시작한다. "쉐마 이스라엘(이스라엘아 들으라)"(신 6:4, 9:1). 신은 그가 만든 피조물들이 잘 살아갈 수 있도록, 그가 선택하여 계약을 맺은 백성들이 올바로 살아갈 수 있도록 말씀을 하신다. 그의 말을 듣지 않으면 살아갈 수 없다. 그렇기 때문에 그의 백성들이 신의 음성을 잘 들을 수 있도록, 신의 말을 전하기 전에 "쉐마 이스라엘"이라고 주의를 환기하는 것이다.

화자와 청자 사이에 공감을 이루지 않으면 말은 효력이 없다. 공감을 이룰 수 있는 가장 기본적인 것을 성경에서는 '사랑'이라고 보는 것 같다. 바울은 고린도에 보낸 편지에서 다음과 같이 썼다.

"내가 사람의 방언과 천사의 말을 할지라도 사랑이 없으면 소리 나는 구리와 울리는 꽹과리가 되고"(고전 13:1).

신의 음성은 인간을 향한 사랑에서 비롯된 것이고, 사람을 살리는 진정한 것이다. 그래서 생명력이 있다. 인간들의 소리는 과격하고 분주하고 거세기도 하다. 그러나 모두 공허할 뿐이다. 거짓된 말은 죽음을 가져오기도 하고, 사랑이 없다면 그 어떤 말도 시

끄러운 꽹과리 소리일 뿐이지만, 진정한 사랑의 말은 듣는 사람의
마음에 꽂힌다. 사람으로 하여금 진리를 깨닫게 한다. 사람을 움
직인다. 감동시키기도 하고 변화시키기도 한다. 말은 역사를 만
든다.

4. 기억함으로서 닮지하기

사람은 봄으로써 인식하거나 들음으로써 인식한다. 보만은 문
화사적으로 그리스인은 봄으로써, 히브리인은 들음으로써 인식하
는 경향이 강하다는 것을 말했지만, 현대인들은 두 가지 인식 방법
을 섞어 사용하는 듯하다. 개인에 따라 보는 것으로 인식하는 경향
이 강한 사람도 있고, 듣는 것으로 인식하는 경향이 강한 사람도
있다. 어떤 방법으로든 인식된 것을 기억하지 않으면 소용이 없
다. 말로 듣는 것과 눈으로 보는 것, 그 둘 중에 어느 것이 더 기억
을 강화할까?

기억력을 높이기 위해 봄과 들음의 방법을 모두 그리고 동시에
사용하는 것이 더 효과적이다. 책을 눈으로만 보는 방식이 책의
내용을 가장 먼저 잃어버릴 것이다. 책을 눈으로 보고 입으로 읽으
면 눈과 입과 귀가 동시에 작용해 기억력의 효과가 그냥 눈으로
보는 것보다 3~10배 높다고 한다. 게다가 손으로 써가면서 공부
하면 기억력이 더욱더 증진된다. 그 경우 눈과 입과 귀 그리고 손
과 다시 눈이 작용해 뇌의 기능이 활성화되어 인지 능력을 월등하

게 높여준다.

깨달음을 얻은 예수님께서 가만히 침묵하고 계시다면 우리는 아무것도 얻지 못했을 것이다. 사람들을 사랑하시는 예수님께서는 그의 깨달음을 전하고 싶어 하셨다. 생명을 나누고 싶었기 때문이리라. 구원의 기쁨을 나누고 싶어서 그랬으리라. 신의 구원 행위를 보여주어도 아직 그의 나라는 오지 않았다고 지속적으로 주장하는 사람들, 하나님의 나라가 왔다고 소리쳐 외쳐도 듣지 않는 사람, 언젠가 그의 말을 듣고 받아들인 것 같았으나 여전히 신을 멀고 먼 당신으로 고집하고 있는 사람들을 보며 예수님께서는 얼마나 답답하셨을까.

사람의 모든 인식 방법을 언급하며 꾸짖는 듯한 말씀, "너희가 눈이 있어도 보지 못하며 귀가 있어도 듣지 못하느냐 또 기억하지 못하느냐"는 말씀은 다시 말하면 "눈이 있으면 보라, 귀가 있으면 들으라, 겪었다면 기억하라"는 것이다. 보고도 잊어버리고, 들어도 잊어버리고 경험을 하고도 기억하지 못하는 답답하고 어리석은 중생을 향한 사랑의 말씀이다.

기쁜 소리 10

나를 따라오려거든

누구든지 나를 따라오려거든 자기를 부인하고 자기 십자가를 지고 나를 따를 것이니라. 누구든지 자기 목숨을 구원하고자 하면 잃을 것이요 누구든지 나와 복음을 위하여 자기 목숨을 잃으면 구원하리라. 사람이 만일 온 천하를 얻고도 자기 목숨을 잃으면 무엇이 유익하리요. 사람이 무엇을 주고 자기 목숨과 바꾸겠느냐 (막 8:34-37; 마 16:24-26; 눅 9:23-25).

1. 들어가며

사월 내내 일이 손에 잡히지 않았다. 침몰하는 세월호와 함께 목숨을 잃은 250명의 단원고등학교 학생과 그들의 부모를 생각하면 가슴이 저려온다. 열여섯, 열일곱의 꽃 같은 나이의 아이들이 세월호와 함께 가라앉았다. 여객선에서 일어나는 모든 일에 대해 책임을 져야 할 선장과 선원들은 배가 침몰하는 순간, 탑승객 수백 명에게 "가만히 있으라", "움직이지 말라"고 안내방송을 하고 자신들은 배를 탈출했다.

여객선이 예측할 수 없이 기울고 방향키가 제대로 작동하지 않는다면, 해경에게 구조를 요청하고 난 뒤 "승객 여러분, 예기치 않게 배가 기울고 있습니다. 모두 대피 준비를 해야겠습니다. 구조는 이미 요청했으니 우리가 질서를 지킨다면 모두 구조될 수 있습니다. 그러므로 모든 승객은 구명조끼를 입고 질서 있게 갑판으로 올라와 대기해주시기 바랍니다"라고 안내방송을 했어야 하지 않았을까? 침몰하는 배의 객실에서 움직이지 말고 "가만히 있으라"는 것은 그대로 죽으라는 말이 아닌가? 대피 명령을 내려야 할 그 순간에 그들은 학살 명령을 내렸다. 그러면서 선원들은 자신만의 통로를 이용하여 침몰하는 세월호를 빠져나와 구조선에 가장 먼저 올라탔다.

사람은 누구나 자신의 목숨을 귀히 여긴다. 그렇다 해도 이건 너무한 것 아닌가? 내가 있어야 세상도 있고, 내가 있어야 이웃도 있고 내가 있어야 찬양을 드릴 신도 의미가 있다고 매우 개인적이고 이기적인 생각을 가질 수는 있다. 그러나 재난을 당한 상황에서 책임을 지고 구조에 힘써야 할 사람들이 취한 태도치고는 너무한 것이 아닌가? 혹자는 말한다. "그런 위험한 경우라면 나라도 그랬을 거예요." "월급 270만 원 정도 받는 계약직 직원이 누가 목숨 걸고 남을 구하겠어요."

계약직이 아니라 정규직이고 월급이 270만 원이 아니라 540만 원이었다면 자기 목숨보다 타인의 목숨을 더 귀히 여기고 선장의 의무를 다했을까? 세월호 사건에서 우리는 탐욕과 이기심이라는 두 가지 부끄러운 모습을 본다. 인간이라면 누구나 가질 수 있는 동물적 탐욕과 이기심을 제어하고, 다른 사람들과 협력하며 살아가도록 가르치고 격려하는 것이 종교의 과제가 아닌가? 특히 신께서 죄 많은 인간을 불쌍히 여기시고 그의 아들을 속죄 제물로 주었다는 메시지를 전하는 기독교, 예수 그리스도의 죽음이 우리를 위한 죽음이었음을 전하는 기독교가 이 나라에서 역할을 제대로 한다면, 예수 믿지 않으면 지옥 간다는 공갈 협박의 말보다는 이 나라 백성의 1/4에 해당하는 사람들은 적어도 내 목숨만큼이나 다른 목숨도 귀중하다는 것, 내 자식만큼이나 남의 자식도 소중하다는 말을 전했어야 하지 않는가? 신을 사랑하고 이웃을 네 몸과 같이 사랑하라는 예수의 가르침이 헛소리가 아니라 그리스도인이라면 누구나 실천해야 할 과제라는 것이 체득되도록 해야 하지 않았을까….

세월호 참사 앞에서 종교인인 나는 기독교가 주던 기존의 말들 중에서 위로의 말을 찾지 못하겠다. "당신은 사랑받기 위해 태어난 사람", "하나님은 당신을 사랑하십니다". 참사 앞에 전혀 어울리지 않는 공허한 메시지들. 그 어떤 위로의 말도 찾지 못하는 내게 예수 따름과 관련된 이 말씀이 다가왔다. 살고자 하면 죽고, 죽고자 하면 살리라. 역설의 진실.

2. 예수 따름과 목숨

교회란 예수를 섬기고 예수의 가르침을 전하는 곳이다. 한국에 예수 그리스도의 복음이 들어온 지 130년이 되었다. 미국의 선교

사 언더우드와 아펜젤러가 인천항에 발을 들여놓은 1884년을 기점으로 계산한 것이다. 가톨릭 교회사로 계산하면 200여 년이 되었다고 할 수 있을 것이다.

세계적으로 교회가 시들어가고 있는데 한국에서는 왜 그렇게 크게 성장했는지 세계 교회는 경이롭게 여긴다. 세계교회협의회 제10차 총회가 지난해(2013년 10월) 부산에서 개최되기도 하였다. 그런데 한국 교회가 가르친 것은 무엇인가? 예수의 가르침을 명심하고 그의 가르침대로 살려고 결심하는 교인이 한국에 얼마나 있는지 궁금하다.

"아무든지 나를 따라오려거든"으로 시작하는 예수의 말씀은 예수의 첫 번째 수난 예언 후에 이어지는 말씀이다. 예수의 수난 예언은 복음서에 세 번 나온다. 수난 예고 다음에는 언제나 제자들이 행할 삶의 자세에 대한 예수의 말씀이 이어진다.

한국 사람들처럼 삶에 집착하는 사람들도 드물다. 모든 것이 갖춰져 있는 저승생활보다 빌어먹는 고생스러운 생활이라도 지상생활이 낫다는 말도 있다. 어떻게든 살아남아서 역사를 이어가야 한다는 것이 한국인의 가치관인지도 모르겠다. 지고 지고 또 지는 무궁화처럼. 그러나 모든 살아 있는 것은 언젠가 죽는다. 사람도 동물도 식물도. 살아 있는 존재는 반드시 죽음을 경험한다.

생명을 이어가기 위한 것이라면 비겁해지는 것도, 다른 사람을 불편하게 하는 것도 우리는 용납해준다. 새벽 5~6시마다 아파트 골목을 돌면서 "무지개 세~탁"이라고 외치는 사람이 있었다. 새벽 두 시에 잠든 필자는 다섯 시에 이 소리를 듣고 잠이 깨면 머리가 아팠다. 누가 아침마다 소리를 내며 다니나 했더니 세탁소 아저씨가 세탁물을 맡기라고 소리를 내며 다니는 것이다. 다른 사람에게 피해가 간다는 것은 생각지도 않고 자신의 사업을 위해 노력하는 것이다. 나의 불만을 들을 언니는 말했다. "그 사람도 살려고 하는 거야. 이해해주렴." 살려고 하는 것이라면 우리 사회는 쉽게 용납해준다. 그 세탁소 주인이 새벽마다 그런 소리를 치고 다니지 않는다면 굶어 죽나? 그건 아니다. 그는 살기 위해서가 아니라 더 많이 벌려고 하는 것이다. 일종의 탐욕이다. 그가 탐욕을 실행하는 대가로 다른 사람들이 수면을 방해받고 두통을 앓는다면? 남이야 죽든 말든 고통을 당하든 말든 나만 잘살아보겠다는 지극히 이기적인 행위가 되는 것이다.

박정희 대통령 시절 새마을운동을 시작하며 "잘살아보세"를 외칠 때부터 지금까지 한국교회는 어떤 메시지를 전했나? 부자가 되면 성공한 것이고, 그렇지 않으면 실패한 것으로 평가되는 자본주의 사회에서 누구나 부자가 되고 싶은 소망을 갖게 했고, 열심히 일하면 부자가 될 수 있을 것처럼 가르쳤다. 부자는 부지런히 일한 사람이고, 빈자는 게으른 사람이라고 이 사회는 암암리에 가르쳤다. "부~자되세요"라는 인사말이 한때는 전 국민을 대상으로 한 축복의 메시지였다. 부자가 되고 싶다는 교인들에게 "예수 잘 믿으면 부자됩니다", 내 자식 좋은 대학에 가면 좋겠다는 교인들에게 "예수 잘 믿으면 자식 잘됩니다" 하는 식으로 예수 이름을 팔아 먹는 장사꾼 노릇을 하지 않았나? 이제 교회는 거짓 가르침을 그만두어야 한다. 장사꾼 노릇도 그만두어야 한다. 참된 종교로 거듭나려면 예수의 가르침을 전해야 한다.

예수 그리스도를 믿고 그리스도인으로 살아간다는 것은 그의 말씀을 듣고 그의 가르침대로 살아가는 것이다. 예수는 믿지만, 그의 말씀대로 살아갈 수는 없다고 한다면 예수쟁이라 할 수 없을 것이다.

생명과 죽음에 관한 역설적인 예수의 말씀은 제자들의 자세에 관한 것이다. 이 말씀은 예수의 수난과 부활에 대한 첫 번째 예고 (막 8:31-33; 마 16:21-23; 눅 9:22)에 이어진다. 예수는 곧 죽을 것이다. 예수는 그의 죽음이 임박한 것을 알고 있다. 이 말씀은 예수가 죽고 사라진 뒤에 제자들은 어떻게 살아가야 하는지 가르치는 메시지이다. 여기 제시된 세 마디 말씀은 모두 독립적인 말씀으로, 한 자리에 모아놓은 것이다. 마가복음에서 이어놓은 것을 마태와 누가가 가감 없이 그대로 사용하는 것으로 보아 세 복음서 기자 모두 제자들의 태도에 대한 가르침으로 이 세 말씀을 연결한 것에 대해 어색함 없이 받아들일 수 있었던 것으로 보인다.

3. 자기 십자가를 지고

예수가 요구하는 것은 "자기 십자가를 지고 오라는 것"이다. 자기 십자가란 무엇인가? 십자가는 무거운 짐이다. 십자가는 고통이다. 죽음과 같은 것이다. 예수를 믿으면 부자 되고, 자식 잘되고, 건강하고 만사형통할 것이라는 게 아니다. 예수를 따르려고 하면 예수를 따르지 않는 사람보다 더 힘든 삶이 기다린다.

사람은 누구나 고통 없이 편히 살고 싶어 한다. 모든 사람이 다 잘살고 싶어 한다. 모든 사람이 다른 사람보다 힘 있고 싶어 한다. 사람들은 성공하고 싶다. 더 부자가 되고 싶다. 그런 세속적인 욕망을 성취하려고 예수를 믿는다면, 힘든 일을 도피해버리고 편하게 만사형통하고 싶어서 예수를 믿는다면, 진정 예수를 따라갈 수 없다. 제자들을 향한 예수의 가르침은 정반대이다. 예수를 따라가려면 개개인이 가진 무거운 짐을 지고 가야 한다. 자기 십자가를 지고 가야 한다. 자기 십자가를 진다는 것은 내가 원하는 모든 일, 나의 탐심이 원하는 일들이 성취되기를 하나님께 간구하는 것이 아니라, 오히려 그것들을 십자가에 못 박아 짊어지고 나아오는 것을 의미한다.

세상에서 일어나는 불미스러운 많은 일은 자기 목숨을 지키기 위해 일어나는 경우가 많다. 그 다음에 이어지는 말씀이 의미 있는 것은 그 때문이다. "누구든지 제 목숨을 구원코자 하면 잃을 것이요, 누구든지 나와 복음을 위하여 제 목숨을 잃으면 구원하리라." 1950년 6월 25일 한국전쟁이 일어났을 때 이승만 대통령이 대전으로 피난을 갔으면서도 "나는 여러분과 함께 서울을 지킬 것입니다"라고 거짓 방송을 한 것은 자신의 목숨을 구하고자 함이었음이리라. 차라리 죽기를 각오하고 서울을 지키다 죽었더라면 오히려 그는 한국인의 가슴에 자랑스럽게 영원히 살아 있게 되었을 것이다. 죽기를 두려워하지 않고 하나님의 말씀에서 벗어나는 일을 하지 않아 믿음의 본이 됨으로써 그의 정신이 살아 전해지는 분으로 주기철 목사를 들 수 있다. 그는 신사참배에 대한 일본의 회유와 대한예수교장로회의 참배 결의로 계속되는 끈질긴 압박에도 굴하지 않음으로써 수많은 옥고와 고문 등으로 목숨을 잃었다. 하지만 그는 한국 기독교인의 마음에 살아 있다.

"사람이 만일 온 천하를 얻고도 제 목숨을 잃으면 무엇이 유익하리요? 사람이 무엇을 주고 자기 목숨을 내어줄 수 있겠느냐?"는 말씀은 독립적으로 전해지던 것으로, 사람이 죽으면 아무것도 할 수 없다. 살아 있어야 무슨 역할이라도 한다는 것을 의미하는 말이었을 것이다. "여호와여 내가 주께 부르짖고 여호와께 간구하기를 내가 무덤에 내려갈 때에 나의 피가 무슨 유익이 있으리요 어찌 진토가 주를 찬송하며 주의 진리를 선포하리이까." 시편 30편 8-9절이다. 죽으면 하나님을 찬양할 수도 진리를 선포할 수도 없으니 살려달라는 간구의 표현이다. 유대적 가치관이 많이 반영되어 있는 말씀이다.

그러나 두 번째 문장을 통해 다른 해석의 가능성이 열린다. 즉, "사람이 무엇을 주고 자기 목숨을 내어줄 수 있겠느냐?"라는 말씀은 유대적 가치관에 따르면, 그 어떤 것으로도 자기 목숨을 내어줄 만한 것은 없다는 뜻이지만, 그리스적 가치관에 따르면 아주 소중한 가치 있는 일을 위해 목숨을 내어주는 것은 위대한 일이라는 의미를 지닐 수 있다. 고대 그리스에서는 영예로운 죽음이 있었다. 즉, 조국을 위해 죽는다거나 민주주의 같은 이념을 위해 죽는다거나 형제나 친구를 위해 죽는 것을 영웅의 삶으로 보았다. 그러므로 그 어떤 것을 위해서 목숨을 내어주는 걸, 생명을 유지하려고 비겁하거나 구차한 삶을 사는 것보다 훌륭한 것으로 여겼다. 여기 맥락으로는 예수 그리스도와 복음을 위해 목숨을 내어놓는 것이 자기 목숨을 지키려고 애쓰는 것보다 나은 것으로 언급되었다.

두 번째 수난 예고(막 9:30-32; 마 17:22-23; 눅 9:43-45) 다음에 이어지는 이야기에서도 예수를 따르는 이들의 삶의 자세에 대한 이야기가 이어진다. 누가 더 큰 존재인지를 두고 제자들 사이에 싸움이 벌어진 것이다. 이에 대한 예수의 가르침은 "첫째가 되고자 하면 뭇사람의 끝이 되며 뭇사람을 섬기는 자가 되어야 하리라." 역설이다. 지도자가 되고 싶다면, 다른 사람들을 이끌려고 하지 말고 오히려 다른 사람을 섬기라는 가르침이다.

세 번째 수난 예고(막 10:32-34; 마 20:17-19; 눅 18:31-34) 다음에 이어지는 말씀도 제자들이 삶의 자세에 대한 가르침이다. 세배대의 아들 야고보와 요한이 자신들이 원하는 바를 예수께 아뢴다. "주의 영광 중에서 우리를 하나는 주의 우편에, 하나는 좌편에 앉게 하여 주옵소서." 주님이 가시는 길이 십자가 험한 길인 줄 모르는 제자들은 영광된 자리만을 간구한다. 고난 없이 영광만 바라는 것은 우리 모두와 같다. 야고보와 요한의 간구를 들으신 예수는 그들의 소원을 물리친다. 한국교회는 우리가 무엇을 원하든지 신께서 모두 들어주신다고 악착같이 신을 붙잡고 기도할 것을 가르치지만, 예수의 가르침을 보면, 아무거나 간구할 일은 아니다. 신의 뜻에 합당한 것을 간구해야 한다.

"내 좌우편에 앉는 것은 … 누구를 위하여 예비되었든지 그들이 얻을 것이다." 야고보와 요한이 원하는 것은 거절하고 예수는 다음과 같은 말로써 가르친다. "너희 중에 으뜸이 되고자 하는 자는 모든 사람의 종이 되어야 하리라"(막 10:44).

4. 나가며

꼭 기독교인이 아니어도 좋다. 매주일 아침 헌금을 들고 집을 나서서 교회에 가는 주일성수자가 아니어도 좋다. 그저 예수의 말씀을 듣고 그의 역설적인 말씀이 진리일 것만 같이 느껴서 그의 말씀대로 살아보고자 하는 사람들이 우리 사회에 많아졌으면 좋겠다.

예수는 자신에게 다가오는 죽음의 위협을 감지하면서 그것을 피해가지 않고, 기꺼이 죽음을 받아들이며, 제자들에게도 죽음을 각오할 것을 가르친다. 살고자 하면 죽을 것이고 죽고자 하면 오히려 살 것이라는 역설을 가르친다. 세상적인 가치관을 이루고자 하면 예수를 따를 수 없다. 힘든 일을 피하고 세상에서 좋다는 것만 가지려고 한다면 진정 예수를 따를 수 없다. 예수를 따르고자 한다면 세속적 가치를 버려야 한다. 힘든 것을 지고 가야만 한다.

위기에 처해서 나부터 살고 보려는 이기적이고 개인적인 삶의 자세를 버리고, 우리 함께 모두 살아야 한다는 공동체 가치관을 가진 사람이 많았으면 좋겠다. 나의 목숨이 귀한 것처럼 타인의 목숨도 귀하다. 내 자식이 귀한 것처럼 타인의 자식도 귀하다. 내 가정이 귀한 것처럼 타인의 가정도 귀하다. 나의 목숨, 나의 부귀영화, 나의 성공에만 관심을 집중하면 타인의 삶을 돌아볼 여유가 없다. 기독교는 나의 욕망을 내어놓고 타인에게 마음을 열며, 타인의 고통에 함께 아파하고 삶을 위로하며 살아가도록 격려하는 종교이다.

신이시여, 세월호 참사로 인해 가슴 아픈 모든 이를 위로하소서. 이 나라의 아들딸들이여, 자녀를 잃은 모든 부모의 아들딸이 되어다오. 이 나라의 부모들이여, 이 나라의 모든 어린아이의 부모가 되어 그들을 돌보아주소서. 우리는 서로 사랑하고 돌보아야 할 한 가족입니다.

기쁜 소리 11

연민과 기적

귀신이 그를 죽이려고 불과 물에 자주 던졌나이다. 그러나 무엇을 하실 수 있거든 우리를 불쌍히 여기사 도와 주옵소서(막 9:22).

I. 왜? 왜? 왜?

「기쁜 소식」지에 진정한 기쁜 소리(복음)을 전하고자 기쁜 마음으로 성서 연구를 연재하고 있다. 그런데 이번에는 글을 쓰는 게 정말 힘들다. 복음서를 아무리 읽고 읽고 또 읽어도 예수님의 기쁜 소리를 찾을 수 없기 때문이다. 2014년 4월 16일 이후 비통함에 잠긴 이 나라 사람들에게 예수님의 어떤 말이 기쁨이 될까 아무리 생각해도 없는 것 같다. 자녀의 행동이 불편하기만 해도 부모는 마음이 아프건만, 아예 자식이 다시 오지 못할 곳으로 가버렸다. 그것도 자식 하나가 아니라 수백 명이 거대한 여객선과 함께 침몰했다. 고대사회 같으면, 귀신이 그들을 죽이려고 물에 가두었다고 말했을 것이다.

한두 명도 아니고 십수 명도 아니고 304명. 그들의 대다수는 고등학교 2학년 학생들. 이 아이들을 보낸 부모의 마음은 얼마나 사무칠까? 거의 다 키운 자식, 조금 있으면 피어오를 인생들이 아닌가? 꽃송이가 피지도 못하고 그대로 떨어져 버린 것 같은 안타까움을 지울 수 없다. 그냥 사고라고 치부하기엔 사고에 대응하는 정부기관의 태도가 너무나 어처구니가 없다. 진도 앞바다. 가까이 사는 주민 어부들도 조난당한 사람들을 구조하러 배를 타고 나갔다. 해경도 출동을 했다. 해군도 다가갔다. '배가 침몰하고 있으니 모든 승객은 질서 있게 갑판으로 올라와주십시오'라고 안내를 했다면 모두 살 수 있는 상황이었는데… "모든 승객은 가만히 있으십시오"라고 안내하고, 안내 방송대로 가만히 있었던 승객은 뒤집힌 배와 함께 가라앉았다. 가만히 있으라는 안내 방송을 무시하고 본능적으로 생명의 위기를 느끼고 스스로 배를 빠져나온 사람들만 구조되었다.

어처구니없는 이 사고 사건은 생각하면 생각할수록 이해되지 않는 점이 많다. 1) 왜 사고가 나자 승무원은 해경보다 안기부에 먼저 전화를 한 것인가? 2) 왜 세월호에 다가간 해경은 배 안에 들어가서 승객들에게 나오라고 소리치지 못했을까? 3) 누가 세월호를 그렇게 위험한 수준까지 개조할 수 있게 해주었나? 4) 왜 해경은 구조를 도우러 온 해군에게 대기하라고만 했나? 5) 승객을 버리고 먼저 세월호를 탈출한 선장을 왜 해경의 집으로 모셔갔나?

6) 그날 배가 침몰할 때 이 나라 최고 수장인 대통령은 어디에 있었나? 꼬리에 꼬리를 잇는 의문들….

이 많은 의문에 대해 우리는 아무 말도 하지 못하고, 아무것도 듣지 못하고 있다.* 말하지 못하고 듣지 못하게 하는 귀신이 우리를 사로잡고 있는 것처럼….

2. 만나주소서

자식이 침몰하는 배와 함께 바다에서 숨을 거둔 것은 어찌할 수 없어도, 어떤 연유로 죽게 되었는지, 꼬리를 무는 의문들이 풀리기라도 한다면 가슴 답답한 심정은 조금 나아지려나, 자식의 죽음을 인정할 수 있으려나…. 어디에 문제가 있는지 누가 책임을 져야 하는지 분명히 밝혀달라고 목숨을 걸고 단식을 시도한 사람도 있었다. 굶어가며 대통령께 간구하고, 제대로 된 수사를 통해 사고의 원인과 책임 소재를 분명히 하겠다는 다짐—국가 원수 차원의 약속을 듣고 싶어 한 번만 만나달라는 요청도 거부되었다. 청와대 가까이 가는 것도 경찰에 의해 차단되었다. 40일 단식으로 거의 쓰러질 정도의 사람이 얼마나 두려웠기에 접근을 제지하도록 지시했을까?

4.16 세월호 참사가 일어난 지 6개월도 더 지난 10월 29일 대통

---

* 7년이 지난 2021년 4월 16일까지도 그 사고의 진상을 밝히지 못하고 있다.

령은 시정연설을 하기 위해 국회로 들어갔다. 자식을 잃고 아픈 사람들은 "얼마나 마음이 아프시겠습니까? 최선을 다해 사고 진상을 밝혀내겠습니다"라는 대통령의 말을 듣고 싶어 국회 앞에 있었지만, 말 못 하게 하는 대통령에 의해 철저히 외면당했다. 마치 이 나라 국민도 아닌 것처럼, 존재하지 않는 것처럼, 보이지 않는 투명 인간처럼. 대통령은 "세월호는 이제 그만, 이제는 경제에 힘써야 할 때"라고 시정 발표를 했다. 이것은 '사람이 죽거나 말거나 우리 산 사람은 돈을 벌어 나라 경제를 살려야 합니다'라는 매몰찬 메시지로 들린다.

3. 청각 장애, 언어 장애 그리고 치유

"말 못 하고 못 듣는 귀신아 내가 네게 명하노니 그 아이에게서 나오고 다시 들어가지 말라"는 말씀은 귀신 축출문이다. 말 못 하고 못 듣는 귀신이라고 하는 것으로 보아 소년의 상태는 청각 장애와 언어 장애가 겹친 경우이다. 이 두 장애가 겹치는 경우가 일반적이라고 한다. 잘 듣지 못하기 때문에 말을 잘하지 못하게 되는 것은 자연스러운 현상이다. 청각 장애가 없는 사람도 심각한 충격을 받으면 일시적으로 언어 장애가 오기도 한다. 세월호 참사가 있은 뒤 필자도 오랫동안 무슨 말을 하기가 어려웠다. 무슨 말을 하리오? 무슨 말이 자식을 잃은 부모의 마음을 위로할 수 있단 말인가? 보고를 받고도 아무런 지시를 내리지 않고 7시간 동안 행방을 감추고 침묵했던 대통령. 그도 심한 충격을 받아 언어 장애를 입은 것일까? 보지 못하고 듣지 못하는 불쌍한 사람 같다.

예수님의 귀신 축출 이야기는 마가복음 9장 14절부터 시작된다. 18절을 통해 귀신 들려 제대로 말하지 못하는 아들을 둔 아버지의 안타까운 마음이 전달된다. "어디서든지 그를 잡으면 거꾸러져 거품을 흘리며 이를 갈며 그리고 파리해진다"는 것은 언어 장애자들의 보편적인 현상이다. 이를 가는 것은 아주 흔한 현상인데, 말하고 싶은데 말이 나오지 않으니 이가 근지러워서 이를 갈게 되는 것이다. 언어 발달이 이루어지는 2~4세 아동의 경우에도 언어 발달이 늦는 경우에 이를 갈거나 혹은 자기 자신이나 타인을 물기도 한다.

20절의 묘사는 귀신 들린 아이의 증세를 다시 한번 구체적으로 보여준다. 18절은 아이의 증세에 대해 아버지의 말을 들은 것이고 20절은 예수님 앞에서 벌어진 일이다. 거품을 물고 경련을 일으키고 땅에 엎드려 구르는 아이를 보고 예수님은 무엇을 느꼈을까? 연민이다. 불쌍함이다. 아이도 불쌍하고 아이의 아버지도 불쌍하다. 저렇게 살아간다는 것이 얼마나 고통스러울까? 말을 하고 싶지만 아무것도 들리지 않고 어떤 말을 해야 할지 모르겠고, 마음으로는 말을 하지만 실제로는 입에서 아무 소리도 나가지 않는다.

예수님은 입을 열어 묻는다. 아이가 언제부터 저렇게 되었나? 아이의 아버지는 대답한다. 어릴 때부터라고. 심지어 죽을 고비까지 겪었단다. "귀신이 그를 죽이려고 불과 물에 자주 던졌나이다."

아이가 경련하고 거꾸러질 때 물이나 불을 가리지 못하고 위험한 곳에 빠지기도 했던 것으로 보인다. 언어 장애나 청각 장애도 답답한 일이지만, 목숨의 위험까지 감수하며 지냈던 것이다. 즉, 잘못하면 죽을 수도 있다는 위험에 노출되어 있다. 기적이 일어나지 않는다면 아이의 아버지는 언제나 조마조마하다. 아들을 볼 때마다 답답하고 괴롭다. 말이 난 김에 아버지는 예수께 간청한다. "하실 수만 있다면, 우리를 불쌍히 여겨 우리를 도와주소서." 너무나 예의 바른 부탁이다. "하실 수 있다면." 이에 대한 예수님의 반응은 매우 과격하다. "할 수 있거든이 무슨 말이냐!" 반드시 고쳐야 한다는 예수님의 의지가 반영된 말씀이다.

질병이나 장애를 고치는 것은 하나님의 뜻이다. 이 세상 모든 만물을 만드시고 동물과 인간을 만드신 창조주 하나님은 그의 피조물을 보시고 보기에 좋다 하셨다. 하나님은 그의 피조물들이 건강하고 행복하고 온전하게 살기를 원하신다. "하늘에 계신 너희 아버지의 온전하심과 같이 너희도 온전하라"(마 5:48)는 예수님의 말씀은 바로 하나님의 뜻이다. 누군가 고통을 당하고 있다면, 힘들게 살고 있다면, 하나님도 고통스럽고 힘이 든다. 사람에게 언어 장애가 오는 경우는 대개 심한 충격을 받았을 때이다. 가령 말할 수 없이 억울하거나 혼자 힘으로 감당하기 어려운 일에 부딪혔을 경우 등이다.

4. 연민과 기적

"우리를 불쌍히 여겨 우리를 도와주소서." 아버지의 간청은 아들의 병을 고쳐주십사는 뜻이다. 이 간청에서 불쌍히 여김에 대해 생각해볼 필요가 있다. 복음서에서 불쌍히 여김은 기적과 관련이 있다. 예수께서 거라사 지방의 귀신 들린 사람에게서 군대귀신을 축출한 후에 귀신으로부터 자유함을 얻은 사람에게 말씀하신다. "집으로 돌아가 주께서 네게 어떻게 큰 일을 행하사 너를 불쌍히 여기신 것을 네 가족에게 알리라"(막 5:19). 마가복음 6장 30-44절에는 떡 다섯 개와 물고기 두 마리로 오천 명을 먹인 기적 이야기가 전해진다. 기적이 일어나기 전 예수께서 자기와 함께한 무리를 보시고 "불쌍히 여기신다"(막 6:34). 그리하여 그들을 가르치시고 먹을 것을 주라고 제자들에게 명하신다. 사람이 영적인 것만 아니라 음식도 섭취해야 사는 법이다. 불쌍히 여김은 살기 어려운 환경에 처해 있는 사람을 보고 느끼는 것으로, 내가 지금 당장 어떻게 해주지 않는다면 저들이 곧 죽을 수도 있다는 긴급함이 있다.

누가복음에 나오는 과부의 아들을 살리시는 이야기에서도 연민과 기적이 연결된다. 예수께서 아들을 잃은 "과부를 보시고 불쌍히 여기사 울지 말라"(눅 7:13) 하시고 관에 손을 댄다. 그리고 청년에게 일어나라 말씀하시매 죽었던 그 청년이 일어나 앉고 말도 하게 되었다. 이 사건을 보고 사람들은 "하나님께서 자기 백성을 돌보셨다"(눅 7:16)고 이해한다. 연민은 돌봄으로, 돌봄은 생명

살림으로 연결된다. 예수가 전한 사마리아인의 비유에서도 "불쌍히 여긴다"는 표현이 사용된다. 강도를 만나 거반 죽어가는 사람을 만났던 세 사람 중에 처음 둘은 그냥 지나가고, 세 번째 등장한 사마리아인은 그를 보고 "불쌍히 여겨" 그가 가진 기름과 포도주로 응급처치를 하고 여관으로 데리고 가서 돌봄을 받을 수 있도록 조치한다는 것이다. 불쌍히 여김이란 그냥 두면 죽겠구나 하는 즉각적인 판단과 살리기 위한 행동을 취하게 하는 모티브가 된다.

마가복음 9장 이야기에서 말하지 못하고 듣지 못하는 장애 아동이 등장했다면, 마가복음 10장 48절과 마태복음 9장 27절, 마태복음 20장 30-31절에서는 시각 장애인들이 등장한다. 이들은 예수를 따라가며 "우리를 불쌍히 여기소서"라고 큰 소리로 외친다. 주께서 불쌍히 여기신다면 기적이 일어난다. 장애를 안고 그대로 살기에는 너무나 답답하고 불편하다. 기적이 일어나야만 사는 것이 사는 것 같을 것이다. "불쌍히 여기소서"라는 간청은 "나를 온전하게 만들어주소서", "눈으로 보게 하소서"라는 의미가 있다고 할 수 있다. 예수가 그들을 불쌍히 여기니(마 20:34) 눈을 뜨는 기적이 일어났다. 귀신 들린 자나 병든 자를 고치는 일, 즉 생명을 온전케 하는 일의 원동력은 "불쌍히 여김"에서 나온다(마 14:14). 귀신 들린 자나 병자들을 불쌍히 여겨달라는 간청이 일반적이나, 경우에 따라서는 질병을 가진 자녀의 어머니(마 15:22)가 불쌍히 여겨달라고 간청하기도 하고, 혹은 이미 사망한 자녀의 어머니를 예수께서 불쌍히 여기기도 한다. 마태 특수 자료에 속하는 "탕감

받았으나 탕감해주지 않는 종의 비유"(마 18:23-34)에서도 연민 모티브가 나온다. 1만 달란트를 빚진 자에게 임금은 빚을 갚으라고 독촉하고, 그 사람이 갚겠다고 시간 여유를 달라고 간청하지만, 임금이 보기에 그는 갚을 수 없다. "그 몸과 아내와 자식들과 모든 소유를 팔아" 갚으라고 독촉하지만, 그것은 그들이 알거지에 노예가 되는 것을 의미한다. 귀신에게 속하여 자기 의지대로 못하는 것과 마찬가지로 노예에게도 자유가 없다. 주인은 그를 불쌍히 여겨 그 많은 빚을 탕감해준다. 자유로운 결단과 자유로운 행위가 건강한 자의 삶의 모습이라면, 질병이나 귀신, 빚에 속박되어 있는 것은 참된 삶이라 할 수 없다. 어디에 얽매여 있는 인간의 모습은 신의 눈으로 볼 때 불쌍한 것이고, 그가 불쌍히 본다는 것은 그대로 두면 죽음과 같은 인생이고, 따라서 참된 삶을 살기를 원하시는 생명의 하나님의 역사는 그들을 살리는 방향으로 나아간다.

5. 우리를 위한 간구: 불쌍히 여기소서, 기적을 베푸소서

생명의 근원이신 하나님이시여. 세월호 참사로 목숨을 잃은 304명의 가족들을 불쌍히 여기소서. 아직 시신도 찾지 못한 가족들을 더욱 불쌍히 여기소서. 주여. 기적적으로 살아났어도 죽음의 충격을 받은 학생들과 그들의 가족을 불쌍히 여기소서. 돌보아주소서. 살아갈 힘을 주소서. 생명을 회복해주소서. 병들고 지친 몸과 마음을 치유해주소서.

세월호가 위험 수위에 오르도록 개조하고 안전의식이 없는 이 백성을 불쌍히 여기소서. 그 많은 생명이 물속에 가라앉을 때 아무것도 하지 못하고 바라보며 대기할 것만 지시한 책임자들을 불쌍히 여기소서. 슬픈 자와 함께하며 주님의 뜻대로 살아온 신실한 자들을 불쌍히 여기소서. 참되게 사는 길이 무엇인지 알게 하시고 그 삶을 살아갈 용기를 주소서. 눈먼 자들의 눈을 뜨게 하시고 말하지 못하고 듣지 못하는 자들의 입과 귀를 열어주소서. 진리를 외치게 하시고 듣게 하소서. 죽어가는 생명을 불쌍히 여길 수 있는 연민의 공감대를 허락하소서.

우리가 하는 한 마디의 말이 생명을 살리게 하소서. 우리가 하는 하나의 행동이 죽어가는 생명을 살리게 하소서. 우리 사회에 팽배해 있는 죽임의 문화를 살림의 문화로 변화시켜주소서. 주여. 우리를 불쌍히 여기소서. 키리에 엘레이손. 키리에 엘레이손.

부끄러움과 자랑스러움 사이에서

예수께서 둘러 보시고 제자들에게 이르시되 재물이 있는 자는 하나님의 나라에
들어가기가 심히 어렵도다 하시니(막 10:23).

1. 들어가며: 당황스러운 예수님의 말씀

예수의 말과 행위를 전하는 책들을 복음서라고 부른다. 복음. 기
쁜 소식이라는 뜻이다. 예수가 이 지상에 와서 살았던 것. 지상에
살면서 사람들과 어울리며 보여주었던 삶의 모습 그리고 간간이
전해주시는 말씀들. 그것들은 그분을 직접 목격하거나 그분과 함
께하지 않는 사람들에게도 삶의 용기를 주고, 어두운 현실 속에서
한 가닥 빛처럼 희망을 주었다. 나는 그 희망을 붙잡고 신학을 공
부하고, 지금도 그 말씀을 전하고 싶어서 설교를 하고, 예수께서
깨달았던 진리를 공유하기 위해 글을 쓰기도 한다.

가끔 예수님의 말씀을 전하면서 당혹스러운 경험을 하곤 한다.

사람들이 예수님의 말씀을 듣고 감격하고 감사하기보다는 받아들이기 어려운, 매우 과격한 말씀들이 있기 때문이다. 아마 하나님 나라와 관련하여 언급하신 "재물이 있는 자는 하나님의 나라에 들어가기가 심히 어렵도다"는 말씀도 그중의 하나일 것 같다. 모두가 부유한 사람이 되고 싶어 하는 한국 기독교인들에겐 듣기 매우 불편한 말씀이기 때문이다.

2. 비기독교적인 한국교회

한국의 기독교인들은 많은 재산을 가지고 하나님께 나아가서 자랑하고 싶은 것 같다. '하나님, 내가 세상에 있는 동안 이만큼 벌었나이다. 성공적인 삶을 살았죠. 칭찬해주세요. 나는 돈 벌려고 잠도 안 자고 부지런히 일했어요. 저 가난뱅이 게으름뱅이처럼 살지 않았습니다. 상 받을 만합니다.' 하나님 앞에 나아가 가진 재산을 자랑하며 하나님에게 칭찬받고 싶어 하는 것처럼 보인다.

언제부터인가 청빈하게 사는 것이 부끄러운 일이 되어버렸다. 거의 모든 청년의 소망은 부자가 되는 것이다. 기독교인이든 비기독교인이든 차이가 없다. 부유한 것은 성공한 삶이고, 가난한 것은 실패한 인생이다. 재정 규모가 큰 것은 자랑스러운 일이고, 재정 규모가 작은 것은 부끄러운 일이다. 한국의 기독교인들은 예수 시대 바리새인들이 그러했던 것처럼 돈을 사랑한다.

규모가 큰 기업은 더욱 큰 지원을 받아 더 많은 재산을 축적하고, 규모가 작은 기업은 지원금이 적어 운영하는 데 애로가 많다. 기업만이 아니다. 학문을 고양하고 좀더 훌륭한 가치관을 추구하는 대학조차도 어떻게 해서라도 재정 규모를 늘려야 발전했다고 평가한다. 영리 목적이 아닌 종교 단체나 시민단체도 재정 규모가 튼튼해야 운영을 잘한다고 평가한다. 모든 단체, 모든 개개인이 재산 증식이 올바른 것이라고 배우고 인식하고 살아가는 것 같다. 그리고 더 많이 벌수록, 더 많은 재산을 가질수록 성공했다고, 잘났다고, 훌륭하다고 칭찬하는 분위기다. 가진 자는 더욱더 많이 가지게 된다. 미국의 시사주간지 〈뉴스위크〉나 〈타임즈〉는 세계적인 갑부들의 순위를 매기며 더 많은 재산을 가진 자를 이 시대의 영웅으로 취급한다. 갑부는 모든 젊은이의 우상이고 닮아야 할 모델로 떠오르기도 한다.

가진 재산으로 개인의 능력을 평가받는 이 시대에 "재물이 있는 자는 하나님의 나라에 들어가기가 심히 어렵도다"라는 예수의 말씀은 아주 낯설고, 외딴곳에 있는 것 같다. 아주 이질적이다. 예수의 이 말씀은 기쁜 소리가 아닌 것 같다. "말도 안 돼! 어떻게 부자가 하나님 나라에 못 들어간단 말인가? 가난뱅이가 못 들어가야 맞는 말이지. 어떻게 부자가 못 들어갈 수가 있어? 부유함이 축복이 아닌가?" 이 말은 신앙심이 깊다는 어떤 교회 청년의 입에서 나온 말이다. 비기독교인의 말이라면 이해가 된다. 그러나 기독교인의 말이다.

우리 시대를 지배하는 신자유주의 경제체제에서 우리는 예수의 말을 자랑스럽게 여기기가 어렵게 되었다. 신자유주의 경제체제는 예수의 사상과 완전 거꾸로 가는 것이다. 우리에게는 이미 부유함이 자랑이 되었고 가난함은 부끄러움이 되었다. 부자는 상을 받은 것이고 가난한 자는 벌을 받은 것으로 생각한다. 완전 예수의 말씀과 반대이다. 많이 버는 것은 남다른 달란트일 수 있다. 세계적인 갑부 중 한 사람인 워런 버핏Warren Buffett도 그렇게 말했다. 금융의 흐름을 남보다 빠르고 정확하게 파악하고 적절한 시기에 주식을 사고팔 판단이 정확하며 그것을 실천에 옮길 만한 용기가 있다는 것은 남다른 능력이라고. 그래서 그가 번 재산의 90%를 모두 다 사회에 환원해도 좋다고, 또 벌 수 있으니까. 워런 버핏은 어쩌면 예수가 "가서 네게 있는 것을 다 팔아 가난한 자들에게 주라 그리하면 하늘에서 보화가 네게 있으리라 그리고 와서 나를 따르라"(막 10:21)고 말할 때 슬픈 기색을 띠고 근심하여 갔던 성경 속 등장인물과는 다른 행동을 취할 수도 있을 것 같다.

3. 어디로 가야 할까

요즘 미국 대선과 관련해서 태양처럼 떠오르는 인물이 있다. 버니 샌더스Bernie Sanders라는 정치계의 아웃사이더. 민주당으로 입당하여 힐러리 클린턴과 경선하고 있다. 앞으로 어떻게 될지는 두고 봐야겠지만, 현재 돌풍을 일으키고 있고, 미국뿐만 아니라 한국에서도 많은 사람이 관심을 가지고 지지하고 있다. 그는 1%의

상위 부유층이 99%의 자산을 가지고 있는 현실을 바꾸어야만 좀 더 많은 미국인이 행복할 수 있다고 말한다. 0.1%의 부유층이 미국 전 자산의 40%를 차지하고 있는 것은 정의롭지 못하다고 소득과 자산의 불평등을 고발한다. 소수의 개인만이 행복한 나라가 아니라 누구든지 하루 8시간 노동을 한다면 인간다운 삶을 보장받을 수 있어야 한다고 소리친다. 그리하여 그가 내세우는 정책들은 사실 소박한 것들이다. 최저 임금을 현재 7,500원 정도 수준에서 15,000원 수준으로 올리자는 것, 가난한 사람들도 의료보험에 가입시켜 아프면 의료 혜택을 받을 수 있게 하자는 것, 가난한 사람들도 교육의 권리를 누리게 하자는 것, 지속가능한 청정에너지 정책으로 환원하자는 것이다. 지구의 사람들이 살아가기에 필요한 메시지를 주는 것 같다. 그리고 매우 성경적이다.

그럼에도 한국에 기독교를 수출한 미국이란 나라에서 예수의 뜻과 유사한 이상을 전하는 샌더스를 사회주의자라고 하고, 샌더스도 그것을 승인한다. 자신은 '민주적 사회주의자'라고. 우리나라에서 이러한 주장을 하면 '종북'이니 '빨갱이'니 하며 매장되기 십상일 것이다. 가난한 집 자녀나 부잣집 자녀가 동일한 교육 혜택을 받게 하는 것이 그리도 잘못된 일인가? 비정규직과 정규직이 동일하게 인간적인 삶을 유지할 수 있도록 하자는 게 종북인가? 의사의 월급과 목사의 월급이 유사한 것이 옳은 게 아닐까? 둘 다 대학원 수준의 교육을 받은 것이니 말이다. 어느 기업의 최고경영자의 연봉이 36억 원으로 초임자 근로 소득의 100배 이상이라면 이것이 정의로운 것인가?

4. 나가며: 그래도 한 번 더 생각해보라

"재물이 있는 자는 하나님의 나라에 들어가기가 심히 어렵도다", "하나님의 나라에 들어가기가 얼마나 어려운지 낙타가 바늘귀로 나가는 것이 부자가 하나님의 나라에 들어가는 것보다 쉬우니라"(막 10:24-25)는 예수의 메시지가 정말 복음으로 들리려면 정말 가난한 자가 되어야 하는 게 아닐까? 아니면 차라리 정직하게 '나는 예수가 싫어요, 그의 말은 말 같지 않아요. 예수의 가치관을 거부하고 나는 나대로 재산을 모으며 살겠어요'라고 하며 하나님 나라 같은 건 관심도 없고 지금 세상이 좋다고 자신 있게 말하거나!

정말 무엇을 부끄러워하고 무엇을 자랑스럽게 여겨야 할지 혼란스러운 세상이다.

기쁜 소리 13

소원을 말해봐!

예수께서 말씀하여 이르시되 네게 무엇을 하여 주기를 원하느냐. 맹인이 이르되 선생님이여 보기를 원하나이다. 예수께서 이르시되 가라 네 믿음이 너를 구원하였느니라 하시니 그가 곧 보게 되어 예수를 길에서 따르니라(막 10:51-52).

I. 들어가며: 소원을 말해봐

요즘 며칠 몹시 추웠다. 날씨가 추운 것보다도 내 몸이 추워했다. 이불을 덮고 누워도 추워서 잠을 자기 어렵더니 감기에 심하게 걸렸다. 추위에 떨 때 누군가가 네 소원이 무엇이냐고 물었다면 나는 당장 "춥지 않게 해주소서"라고 말했을 것 같다.

얼마 전 소녀시대가 불렀던 노래가 기억난다. "네 소원을 말해봐!" 춤을 추며 예쁜 소녀들이 몸과 다리를 움직여가며 부르는 "평범한 일상생활이 지루해진 너. 네 소원을 말해봐. 꿈도 열정도 다 주고 싶어. 나는 그대 소원을 이뤄주고 싶은 행운의 여신"이라는 노랫말을 들을 때 사람들은 무슨 소원을 말하고 싶을까?

누군가가 다가와 "무엇을 해주기를 원하느냐?"고 묻는다면, 우리는 무슨 소원을 말하게 될까? '당신이 할 수 있는 일이 뭔데요?' 혹은 '글쎄요? 생각 좀 해보고요.' 혹은 '별로 없는데요.' 그럴 수도 있겠다. 현대의 대다수 사람은 아무 생각 없이 살아가는 것 같다. 착실한 많은 사람은 무슨 희망을 생각하기보다는 '해야 할 과제'를 수행하려고 한다. 주어진 일, 해야 할 일들을 하고 나면 정작 하고 싶은 일을 할 시간은 없고, 쉬어야 한다고.

할 일이 있어서 일에 매진하거나 특별히 말하고 싶은 소원이 없는 사람들은 어쩌면 그런대로 현실 생활에 만족하는 건지도 모르겠다.

2. 변화

진지하게 삶을 살수록 삶이 힘들게 느껴진다. 인생이 뭐 있냐고 그저 되는 대로 살면 되지, 라고 생각하고 되는 대로 살면 인생은 생각보다 훨씬 괜찮다고 느껴지기도 한다. 그러나 정말 최선을 다해서 좀더 나은 세상을 만들어보려고 애를 쓰면 살기가 매우 힘들다. 고통스럽다. 어떤 전능자가 나타나서 도와준다면 가능할까? 소녀시대가 당신의 소원을 이뤄주는 행운의 여신이라며 다가올 때, 당신의 꿈을 실현해주는 능력의 여신이라며 다가올 때 당신은 무슨 소원을 말할 것인가? 소녀시대가 해줄 수 있는 건 대체 뭘까?

여리고에 살던 소경 거지 바디매오는 예수께 나아갔다. 예수가 병을 치유한다는 소문을 들었기 때문이다. 그리고 그가 여리고에 나타났다는 말을 들었다. 그러자 그는 소리친다. "다윗의 자손이여 나를 불쌍히 여기소서!"

'불쌍히 여김'은 변화의 역사가 일어나는 모멘트다. 불쌍히 여김은 그대로 두면 살 수 없다고 인지하는 데서 시작한다. 불쌍히 여겨달라는 외침은 이대로는 못 살겠으니 변화를 달라는 간구다. 그러므로 불쌍히 여김은 생명의 역사가 일어나는 모멘트다. 마가 본문에서는 치병의 능력을 가진 예수에게 소경이 소리친다. 그러나 예수만이 아니라 누구라도 '불쌍히 여기는 마음'이 있다면 변화의 역사는 일어날 수 있다.

2014년 4월 16일. 304명의 목숨이 세월호와 함께 가라앉을 때 그 누가 안타깝지 않았겠는가? 그 누가 불쌍히 여기는 마음이 없었겠는가? 4,500만 한국인만이 아니라 세계 시민들도 안타깝게 여겼다. 단지 박근혜 대통령만은 그러지 않은 것처럼 보였다. 우리는 모두 통곡했고, 각계각층의 사람들은 아픔의 소리들을 냈다. 이제 3년째, 삼년상을 치르면서 한국인들은 대통령 탄핵이라는 역사를 이루었다. 304명이 배와 함께 가라앉을 때 아무런 조치도 내리지 않았던 대통령, 304명이 그대로 배와 함께 수장되어도 아무런 느낌도 없는 듯한 대통령, 부모들이 그토록 애통해하여도 눈한 번 꿈쩍하지 않았던 대통령. 그의 무능력과 그의 비인간적인 모습을 보면 용서가 되지 않는다. 한국인들은 대통령 탄핵을 결의했다. 변화의 역사는 '불쌍히 여김', 측은지심에서 시작한다.

경기도 교육감이 되자마자 이재정 교육감은 학교 등교 시간을

9시로 한 시간 늦추었다. 그리고 강제로 진행하던 야자(야간자율학습)를 강제가 아니라 자율로 바꾸었다. 그에 따르면 학생들과 만나서 "가장 원하는 것이 무엇이냐?"고 물었더니 학교 등교 시간을 늦추어달라고 했다는 것이다. 학생들이 조금만 더 자고 싶어 하는 것을 불쌍히 여길 때에만 세상은 달라진다. 내가 학교를 다닐 때에는 등교 시간보다 1시간 정도 일찍 다녔기 때문에 등교 시간을 늦춰달라는 것이 이해가 잘 안 되었다. 우리 집 아이도 8시~8시 10분까지 등교해야 하는데 늘 8시 다 된 시간에 억지로 일어나 학교를 가곤 한다. 그렇다면 그토록 많은 아이가 등교 시간이 이르다고 하고, 아침에 일어나지 못하는 것은 그 이유가 있지 않을까? 그 이유를 한국 표준 시간을 일본 표준 시간과 동일하게 맞추었기 때문이 아닐까 하고 예상해본다. 그래서 한 시간 늦추어 9시를 등교 시간으로 해도 실제 한반도 시간으로는 8시인 셈이다.

　누군가를 측은히 여길 때, 세상을 바꾸어야 한다는 생각을 하게 된다. 청년들이 우리나라를 '헬조선'이라고 표현했다면 정말 심각한 지경이 아닌가? 청소년들의 자살률이 세계에서 가장 높다면 정말 우리나라 중고등학교 시스템과 교육 방법을 바꾸어야 하지 않겠는가? 자살하고 싶은 청소년들에게 "소원을 말해보라"고 하면 무슨 대답을 할까? '입시지옥에서 벗어나고 싶어요', '경쟁 없는 학교가 되면 좋겠어요', '이해가 안 되는 수업 내용은 이해가 되도록 다시 설명해주세요', '괴롭히는 학생이 없었으면 좋겠어요', '선생님이 공정했으면 좋겠어요', '성적이 좋으면 좋겠어요'….

학생들을 불쌍히 여기면 교육에 변화가 일어날 수 있다. 언제부터인가 내신성적이란 것을 대학 입시에 반영하면서 학생들은 성적에 자유롭지 못하다. 시험의 노예처럼, 창의력을 상실한 기계처럼 불쌍히 살아가고 있다. 이러한 교육 현실을 바꾸어야 행복하고 자유로우며 진정으로 창의적인 인재가 나오련만…. 자신의 아이가 자라 고등학교를 졸업하고 대학에 입학하고 나면 더 이상 교육 문제에 관심을 가지지 않고, 다른 사람의 자녀는 불쌍하게 여기게 되지 않는가 보다. 그래서 우리나라 공교육에 문제가 많다고 지적하면서도 변화가 일지는 않는 것이다.

3. 가장 간절한 것을 이루어진다

소경 거지 바디매오는 예수가 내가 네게 무엇을 해주기를 원하느냐고 묻자 곧바로 대답한다. 우리가 예상하는 것과 같은 '부자가 되게 해주세요'가 아니다. 수년 전에 지인을 만났다. 출판업을 하고 있던 사람이었다. 어떻게 지내냐고 묻는 내게 아주 진지한 대답, 그러나 반은 농담으로 하는 대답인즉슨, "맞아 죽어도 좋으니 돈벼락을 맞았으면 좋겠다"는 것이었다.

언제부터인가 우리 한국 사회에는 돈으로 모든 것이 가능하다는 가치관이 팽배하다. 어떤 대학 졸업자에게 장래 소망을 물었더니 하는 대답, "부모님이 부자여서 많은 유산을 받아 일 좀 안 하고 살면 좋겠어요." 그 말을 듣고 내가 깜짝 놀랐더니, "진심이에요"

라며 오히려 한 마디 더 보탠다.

일반적으로 대학을 다니는 학생들에게 소원이 뭐냐고 물으면 "글쎄요, 한 번 생각해보고요"라며 대답을 미룰 것 같다. 크게 간절한 것이 없으므로. 그리고 고학년 학생들이라면 "좋은 데 취업이 되면 좋겠다"고 할 것 같다. 좋은 데라는 것은 일은 별로 안 하고 보수는 많이 받으며 해고당할 일이 없는 안정된 직장.

바디매오는 평생 눈이 보이지 않아 답답하게 살았다. 직업도 가질 수 없었다. 인간적인 삶을 영위하기도 어려웠다. 그의 소원은 언제나 한 가지. 눈으로 보는 것이었다. "예수여 불쌍히 여기소서!"라고 외친 그는 예수가 묻자마자 1초의 여지도 없이 "보기를 원하나이다"라고 대답한다. 본다고 하는 것은 상황을 판단할 수 있는 능력을 말한다. 우리말에도 '백문이 불여일견'이란 말이 있다. 예수께서도 말씀하신다. "보기는 보아도 알지 못하며, 듣기는 들어도 깨닫지 못하는 자들도 있다"(막 4:12 참조).

봄과 들음은 인간의 인지 능력의 가장 기본적인 행위이다. 볼 수 없다는 것은 암흑세계에 갇혀 사는 것이다. 답답함 속에 갇혀 있던 바디매오는 예수의 말을 듣자마자 대답한다. "보기를 원하나이다."

오늘날 예수께서 다시 오셔서 "내가 네게 무엇을 해주기를 원하느냐"라고 물을 때 즉각 대답할 수 있는 사람은 바로 간절함을 품고 사는 사람들이다. 그런 의미에서 예수께서 "가난한 사람은 복이 있다"고 선언하신 복 선언을 이해할 수 있을 것 같다. 생활이 안정된 사람들은 그리 갈급함이 없다. 하루하루 살아갈 만하다.

그러나 삶에 필요한 것이 부족한 사람들은 신께 간구할 수밖에 없다. 내 힘으로는 이룰 수 있는 일이 거의 없다는 것을 알기 때문에.

4. 나가며 : 새로운 세상은 새로운 소원과 함께

세상에는 두 부류의 사람이 존재하는 것 같다. 주어진 여건 속에서 되는 대로 살아가는 사람과 간절한 소망을 품고 그 소망을 이루기 위해 애쓰며 사는 사람. 세상은 더럽고 악한 것이라고 기대할 것이 없다고 생각하는 사람도 나름 잘산다. 살다 보니 생각보다 그리 나쁘진 않다고 한다. 먹고 살기 위해 일하고, 일하는 시간이 지나면 먹고 마시고 놀며 지내다 보니 좋은 사람도 만나고 해서 처음 생각했던 것보다 그리 나쁘진 않다고….

그러나 인생을 진지하게 살려고 하면, 잘못 돌아가는 것만 보여 비판적이 되기 쉽다. 신에게 간구한다. 세상 좀 바꾸어달라고. 좀 더 정의로운 사회가 되게 해달라고, 능력이 약한 사람도 가난한 사람도 살 만한 세상이 되게 해달라고 간구한다. 왜냐하면 목숨을 다 바쳐 수고하고 노력해도 삶은 너무나 힘들기 때문이다.

눈이 보이지 않았던 바디매오는 주님께 볼 수 있게 해달라고 소원을 빌었다. 주님을 몰랐던 한국에서도 솟아오르는 해를 바라보며 신년 맞이 소원을 빌기도 하고, 정월 대보름 밝은 보름달을 바라보며 소원을 빌기도 한다. 빌 소원이 있다는 것은 간절한 삶의 표시다. 소원이 없는 사람은 다른 사람의 소원을 들어주자. 타인들은 어떤 간절한 소원을 가지고 있는지, 왜 그러한 소원을 가지고 있는지 돌아볼 여유가 있으면 좋겠다.

이 추운 겨울 추워서 살기 힘든 사람들은 따스함이 소원일 것이다. 이 추운 겨울 홀로 사는 노인들은 더 춥고 더 떨릴 것이다. 아무도 믿지 못하는 의심증이나 대인공포증을 가진 사람들은 가슴조차 시리도록 외로울 것이다. 우리 사회에 외로워서 죽고 싶은 사람에게는 친구가 되어줄 사람 없나요? 우리 사회에 괴로워서 죽겠다는 사람들이 많은데, 그 괴로움 좀 해결해줄 수 없을까요? 우리 사회에 살기 괴로워서 자녀를 낳지 않겠다는 사람들이 많은데, 좀 행복해서 삶을 나누고 싶은 마음이 들도록 우리 사회를 바꿔볼 수 없을까요?

2018년 새해에는 새로운 소망을 품고 시작하는 해가 되면 좋겠다. 예수님이 내게 묻는다면 나는 이렇게 대답하리라. "볼 눈과 들을 귀를 가지길 원합니다." "사람들을 현혹하는 가치관 혼란의 시대에 무엇이 옳고 무엇이 그른지 바르게 분별할 수 있는 지혜를 주소서. 잘못된 가치를 따라가지 않게 하소서. 오직 진리 편에 서게 하소서. 우리를 불쌍히 여기소서." 겨울비가 내리고 마음도 스산한 요즘, 모차르트의 대관식 미사곡(K.V.137)의 마지막 곡 〈Agnus Dei〉(하나님의 어린양)을 들으며 큰 위로를 받는다.

Agnus Dei, qui tollis peccata mundi(세상 죄를 지고 가는 하나님의 어린양)
Miserere nobis(우리를 불쌍히 여기소서)
Dona nobis pacem(우리에게 평화를 주소서).

평화를 만드는 사람들

화평하게 하는 자는 복이 있나니 그들이 하나님의 아들이라 일컬음을 받을 것임이요(마 5:9).

I. 들어가며: 평화를 향해

2018년 12월, 올해를 한 달 남겨놓은 이 시기에 평화에 관한 예수님의 말씀으로 명상을 시작해보고자 한다. 남과 북은 1950~1953년간 전쟁을 하고, 휴전 협정을 한 뒤 한미동맹을 맺어 매년 많은 비용을 치러가며 실전과 같은 전쟁연습을 해왔다. 그런데 4월 27일 남과 북의 정상이 평화롭게 만나 한반도의 평화를 이루겠다고 다짐하는 모습을 보여주었고, 6월 12일에는 북한과 미국이 6월 12일 싱가포르에서 화해의 악수를 나누는 모습이 전 세계에 생중계가 되었다. 그 후에도 남과 북은 판문점에서 또한 평양에서 다시 만났고, 민족의 영산 백두산을 함께 올랐다. 그리고 남단의 한라산도 함께 오르자고 약속했다. 11월 30일 어제는 남측의 대표단들이 기차를 타고 북으로 향했다. 여전히 의심하고 조바심을 갖는 사람들도 있지만, 우리나라의 평화 정착에 대한 기대는 한국인이면 누구나 품게 되었고, 한반도의 평화가 세계 평화에 이바지할 것이라는 확신도 갖게 되었다.

성경에는 마태복음 5장 산상수훈의 팔복선언에서부터 병 고치는 기적 이야기 그리고 제자 파송의 메시지 등 평화를 언급하는 구절들이 상당히 많다. 그만큼 평화는 예수님의 삶과 사상을 형성하는 주요 주제라고 할 수 있다.

2. 예수님이 전하는 평화의 근거: 도래한 하나님 나라

예수께서 평화를 언급하실 수 있는 근거는 하나님 나라가 도래하였기 때문이다. 하나님이 왕으로서 통치하는 그 나라는 유대인들이 기다렸던 종말론적인 구원의 모습이다. 하나님이 역사하지 않을 때 세상은 어둠이다. 지옥과 같은 고통만 기다리고 있다. 사람들은 병들고 귀신에 시달린다.

예수께서 하나님 나라의 도래를 확신하게 된 계기는 아마도 자기 자신을 통한 질병의 치유와 귀신 축출일 것이다. 이 놀라운 기적들을 경험하면서 예수는 그 일들이 개인의 능력으로 일어난다고 여기지 않았고 하나님의 역사라고 생각했다.

"내가 만일 하나님의 손을 힘입어 귀신을 쫓아낸다면 하나님의 나라가 이미 너희에게 임하였느니라"(눅 11:10).

마가복음 5장에 치유 이야기가 등장한다. 예수를 질병 치유자 혹은 귀신 축출자로 소개할 만큼 마가는 많은 치유 이야기를 전한다. 10여 년 동안 혈루병으로 고생한 여인을 치유한 이야기는 그 많은 이야기 중의 하나이다. 이 여인은 혈루병을 앓던 중에 온갖 의사란 의사는 다 만나 보았지만 치유는 받지 못하고 재산만 탕진했다. 그러나 이제 예수의 옷깃을 만짐으로 치유를 받는다. 이때 예수께서 이를 확인하고 두려워 떠는 여인에게 말한다. "딸아 네 믿음이 너를 구원하였으니 평안히 가라. 네 병에서 놓여 건강할지어다"(막 5:34). 이 구절에서 "평안히 가라"는 말씀은 평화를 향해(혹은 평화를 위하여) 나아가라(υπαγε εις ειρηνην)는 뜻이다. 이로써 우리는 평화는 구원과 깊은 관련이 있다는 것을 알 수 있다. 상식적으로 생각해보아도 병들어 괴로울 때나 귀신에 시달리고 있을 때 평화를 누리기 어려울 것은 분명하다. 병자를 치유하는 예수의 활동과 함께 평화는 이미 이루어지고 있다는 것을 알 수 있다.

예수께서는 또한 제자들을 파송하며 하나님 나라가 도래했다는 것을 알리고 자신이 행했듯이 병자들을 고치고 귀신을 축출할 것을 명령한다. 마태복음 10장 1-15절에 따르면, 예수께서 제자들을 불러 "더러운 귀신을 쫓아내며 모든 병과 모든 약한 것을 고치는 권능을 주시고"(마 10:1) 파송하신다. 이 파송 이야기에서 주목해 보아야 할 점은 파송 전에 제자들에게 일러두시는 예수의 말씀이다. "가면서 전파하여 말하되 천국이 가까이 왔다 하고 병든 자를 고치며 죽은 자를 살리며 나병환자를 깨끗하게 하며 귀신을 쫓아내되 너희가 거저 받았으니 거저 주라"(마 10:7-8), "또 그 집에 들어가면서 평안하기를 빌라. 그 집이 이에 합당하면 너희 빈 평안이 거기 임할 것이요 만일 합당하지 아니하면 그 평안이 너희에게 돌아올 것이니라"(마 10:12-13).

이 이야기에서 천국이 도래한 것과 병자들을 치유하는 것, 귀신을 축출하는 것, 평화가 임하는 것이 모두 같은 의미임을 알 수 있다. 즉, 유대인이 그리던 종말 심판 후에 있을 구원의 모습인 것이다. 예수는 이러한 구원의 현재를 보여주고, 제자들에도 같은 일을 행하라며 파송하는 것이다. 유대인들이 미래에 있을 것으로 기대했던 구원의 모습이 예수에게는 현재 직접 보고 겪고 있는 것이다. 그러기에 한 명이라도 더 볼 수 있도록 제자들을 파송하며 구원의 메시지를 전한다. 그러나 그때나 지금이나 구원의 메시지를 거절하면 아무런 의미가 없다. 그 메시지를 받아들일 때 하나님의 구원 역사에 참여하게 되는 것이다. 평화 메시지도 마찬가지이다.

평화(평안)를 기원하는 말이 누가복음에서도 발견된다. 마태복음 10장의 제자 파송 이야기와 병행구절인 누가복음 6장 12-16절, 9장 1-6절에는 나오지 않고 다른 문맥, 즉 72인의 제자 파송 이야기(눅 10:1-12)에서 언급된다. "어느 집에 들어가든지 먼저 말하되 이 집이 평안할지어다 하라. 만일 평안을 받을 만한 사람이 거기 있으면 너희의 평안이 그에게 머물 것이요 그렇지 않으면 너희에게 돌아오리라"(눅 10:5-6). 여기서 사용된 평안이라는 번역어도 그리스어 에이레네^{εἰρήνη}(평화)를 번역한 것이다. 제자를 파송하는 목적이 이미 현존하는 하나님 나라를 알리는 것이라면(막 6:12-13; 눅 9:1-2 참조), 하나님 나라의 도래와 평화의 도래는 상응하는 내용이다. 하나님 나라가 도래했다고 선포하는데도 받아들이지 않는다면 아무 의미가 없듯이, 평화의 메시지를 제공할 때 받지 않는다면 아무 의미가 없다.

3. 평화를 불가하게 하는 개인의 소유욕

예수께서 제자들을 파송하면서 당부하는 말씀, "너희 전대에 금이나 은이나 동을 가지지 말고 여행을 위하여 배낭이나 두 벌 옷이나 신이나 지팡이를 가지지 말라"(마 10:9-10)에서 평화를 지키는 방법이 엿보인다. 사람들은 대개 적보다 내가 더 강하게 보여야 적이 제풀에 꺾여서 대들지 않는다고 생각한다. 그래서 그동안 안보를 담당했던 분들은 매년 북한을 압도할 한미연합작전을 연습해왔던 것이다. 그러나 예수는 반대로 생각한다. 여행자가 재산이 될 만한 것을 지니고 다닌다거나 타인이 갖지 못한 물건을 지니고 다니면 반드시 그것을 탐내는 사람이 생길 것이고 그러면 평화는 이미 불가능하다는 것이다. 예수가 그토록 주장했던 무소유가 평화를 향한 길이라는 것이 이해되는 부분이다.

부자 청년이 예수께 다가와 어찌해야 영생을 얻을 수 있겠느냐고 질문했을 때 예수는 먼저 계명을 제시하고, 청년이 다 지켰다고 말하자 재산을 다 팔아 가난한 자들에게 줄 것을 제안한다. "오히려 한 가지 부족한 것이 있으니 가서 네 있는 것을 다 팔아 가난한 자들을 주라. 그리하면 하늘에서 보화가 네게 있으리라. 그리고 와서 나를 좇으라 하시니"(막 10:21).

대부분의 사람은 무언가를 가지고 있어야, 재산이 많아야 나의 생명과 행복과 평안이 보장된다고 생각한다. 현재 한국에서는 이러한 생각이 매우 강하다. 가난하면 생명도 보장받기 어렵고, 주위 사람들이 얕보고 위협할 수 있다고 생각하기도 한다. 그러나 예수의 생각은 다르다. 소유가 위험을 부른다. 소유는 평화를 위태롭게 한다. 더 많이 소유하고 더 많은 권력과 부를 차지하고 싶은 욕구가 전쟁을 부르고 불의를 행하게 한다고 보는 것이다.

4. 하나님의 자녀들은 평화를 도모해야

산상수훈 팔복 선언에서 일곱 번째 축복의 말에서 평화가 언급된다. "평화를 만드는 사람(에이레노포이오이εἰρηνοποιοί)은 복이 있다. 하나님의 아들이라 일컬어질 것이다"(마 5:9).

예수 당시 스스로 하나님의 아들이라 칭한 자가 있었다. 로마의 옥타비아누스가 정적들을 모두 죽이고 나서 아우구스투스 황제로 등극하며 스스로 하나님의 아들로 칭했다. 그리고 그 유명한 '로마의 평화Pax Romana'를 선언한다. 그리하여 자신을 양자로 삼았던 시저를 신으로 격상하기까지 한다. 그러나 그가 선언한 평화는 무력에 의한 평화, 철저히 군사적이고 무력적인 진압을 예고한 거짓 평화였다고 역사가들은 평가한다. 예수께서 산상수훈에서 선언한 축복의 메시지는 로마의 평화와 전혀 성격을 달리한다. 그뿐만 아니라 로마의 평화에 도전하는 가르침이기도 하다.

예수의 입장에서 평화를 만드는 사람이 하나님의 아들인 이유는 평화가 하나님 '아버지'의 뜻이기 때문일 것이다. 평화는 추상적인 정치 개념이 아니다. 하나님의 자녀들에게는 하나님의 뜻에 걸맞은 구체적인 평화 행위가 요구된다. 평화를 하나님이 이루실 것이라고 해서 잘못된 세상에서 수수방관하는 것은 잘못된 이해이며, 하나님을 경외하는 자라면 누구나 하나님의 뜻을 수행해야 하는 것이다.

마가복음 9장 50절에 나오는 예수의 발언에 평화가 언급된다. "소금은 좋은 것이로되 만일 소금이 그 맛을 잃으면 무엇으로 이를 짜게 하리요 너희 속에 소금을 두고 서로 화목하라(εἰρηνεύετε) 하시니라"(막 9:50). 에이레네가 한국어 성경에서는 평화, 화평, 평안, 화목 등 다양하게 번역되어 혼란을 주는 점이 다소 아쉽다. 이 구절에서 "화목하라"를 다시 표현한다면 "서로 평화를 이루라"고 하면 좋을 것이다. 이 구절이 학자들 사이에서는 예수의 말의 진정성이 논의되고 있기는 하지만, 소금이 요긴하게 쓰이듯이 소금을 너희 사이에 두고 서로 평화를 이루라는 말은, 소금처럼 서로에게

도움이 되는 사람이 되고, 서로에게 유익한 일을 도모하라는 뜻으로 해석할 수 있다. 따라서 이는 예수의 사상에 어긋나지는 않는다.

예수께서는 사람들에게 평화를 이루라고, 평화를 만들라고, 타인에게 평화를 빌라고 가르친다. 이러한 가르침은 미래의 평화를 기대하며 현재의 악을 견디는 것보다 훨씬 강력한 현실 대응 자세이다. 이러한 삶의 자세는 하나님이 평화를 위해 일하고 계심을 확신하기에 가능한 것이다. 즉 유대인들이 기대했던 그날, 그때가 이미 왔음을 확신하는 것이다. 그것을 예수는 하나님 나라가 왔다고 표현했다. 예수께서 살아 활동하시던 당시 대다수의 유대인이 미래에 있을 것으로 기대했던 하나님의 평화는, 예수께서 병자들을 치유하고 제자들을 가르치는 가운데 이미 와 있었다. 당시 예수의 제자들이 예수께서 행하신 것처럼 이러한 사실을 보이고 가르칠 의무가 있었듯이, 지금 예수의 제자인 우리도 평화를 만들어갈 의무가 있는 것이다.

기쁜 소리 15

소원 말하기

예수께서 말씀하여 이르시되 네게 무엇을 하여 주기를 원하느냐 맹인이 이르되
선생님이여 보기를 원하나이다(막 10:51).

I. 상황

예수께서 병자들을 잘 고치시고 귀신을 내쫓으신다는 소문은
이미 많은 사람에게 알려졌다. 예수가 움직이는 곳마다 제자들 외
에도 많은 사람이 따라다녔다. 기적을 보고 싶은 마음, 기적이 내
게도 일어났으면 하는 마음들이 모인 것이다.

요즘도 특정한 곳에 가면 사람들이 북적거린다. 병원과 교회이
다. 아픈 사람들, 골병든 사람들, 삶이 고통스런 사람들, 외로운 사
람들, 마음이 꼬인 사람들…. 그냥 죽기를 각오했다면 병원이나
용한 의원을 찾을 필요는 없을 것이지만, 그럴 사람이 얼마나 되겠
는가? 중국의 그 누구처럼 불로초를 찾아 헤매고 다니진 아닐지라

도, 살아 있는 동안 아프지 않고 고통스럽지 않기를 바라는 것은 누구나 바라는 일이다.

장소는 여리고이다(막 10:40). 여리고는 예루살렘과 성격이 완전 다르다. 예루살렘이 하나님을 모시는 성전이 있는 거룩하고 거룩한 땅이라면, 여리고는 외국으로 통하는 지방도시이다. 예루살렘이 제사장들의 권위가 막강한 곳이라면, 여리고는 일반인의 도시이다.

예수와 함께 역사를 만드는 사람은 맹인이다. 그의 이름은 바디매오, 디매오의 아들로 소개된다. 직업은 없다. 사람들에게 빌어서 먹고사는 거지로 소개된다. 맹인이라 변변한 직업을 갖기가 어려웠을 것이다. 보이지 않는다는 것은 활동의 제약을 수반한다. 움직이는 것도 불편하지만 인지 능력도 떨어진다. 사람의 뇌는 눈으로 보고 귀로 들으며 인지하고 판단한다. 눈이 보이지 않으면 얼마나 답답할까? 어두운 세계에 머물러 있는 느낌일 것이다.

2. 만남

모든 역사적 사건은 만남에서 시작된다. 바디매오는 볼 수 없는 맹인이지만 허다한 무리와 함께 예수가 계시다는 것을 듣고 소리친다. "다윗의 자손 예수여 나를 불쌍히 여기소서." 사람들이 저지하자 또 한 번 소리친다. "다윗의 자손 예수여 나를 불쌍히 여기소서." '불쌍히 여김'이 바로 역사의 전환을 가져온다. 선한 사마리아인의 비유에서도 불쌍히 여김이 중요한 모티브가 된다. 강도들을 만나 거의 죽은 상태로 버려진 행인을 보고 제사장과 레위인은 그냥 지나갔지만, 사마리아인은 불쌍히 여겨 그를 살리는 행위를 시작한다. 기름과 포도주를 붓고 상처를 소독하고, 그를 데리고 여관으로 가서 보살펴준다.

불쌍히 여겨달라는 소리는 현대말로 SOS(긴급구호요청)이다. "살려달라"는 말이다. 생명의 위급함을 느낄 때 외치는 말이다. "지금 이대로는 더 이상 살 수 없다"는 고백이다. 불쌍히 여기는 마음은 역경에 처한 사람을 그냥 지나칠 수가 없다. 목마른 자가 불쌍히 여겨달라는 말을 한다면 물을 달라는 말이다. 배고픈 자가 불쌍히 여겨달라는 말을 한다면 음식을 달라는 말이다. 헐벗은 자가 불쌍히 여겨달라는 말을 한다면 입을 옷을 달라는 말이다. 불쌍히 여기는 마음은 상대방이 무엇이 필요한지 안다. 그리고 그 필요를 채워주고 싶은 마음이다.

바디매오와 예수의 만남은 우연이 아니다. 이들의 만남은 사람들의 제지가 있음에도 이루어졌고, 불쌍히 여김을 불러일으켰으며, 드디어 하나님의 구원 역사를 이루어낸다.

3. 질문

"네게 무엇을 하여 주기를 원하느냐?"(막 10:51). 이 질문은 그리 이상하거나 특별한 것은 아니다. 우리가 세밑이나 특별한 일이 있을 때 가끔씩 묻는 질문이다. '네 소원이 뭐야?'와 같은 질문이라 할 수 있겠다. 누군가 내게 이런 질문을 한다면 나는 뭐라 말할까? "나를 불쌍히 여기소서"라고 소리치는 것을 듣고 예수께서 그를 부르신다. 바디매오는 그의 부름을 듣고 기뻐 뛰며 겉옷까지 벗어 내버리고 예수께 달려간다. 그리고 예수에게서 이 질문을 받자마자 1초의 머뭇거림도 없이 대답한다. "선생님이여 보기를 원하나이다." 맹인 바디매오의 평생소원, 그의 숙원은 한결같았을 것이다. 보는 것! 눈이 열리는 것!

보는 것이 소원이었던 또 다른 맹인이 떠오른다. 심청의 아버지 심학규도 보는 것이 소원이었다. 심학규가 만난 건 어느 스님이었다. 심학규가 물에 빠져 고난당하는 것을 구해준다. 심학규는 그에게 신세 한탄을 한다. '눈이 보인다면, 물에 빠져 허우적대는 일도 없었을 텐데…' 하면서. 심학규의 한탄을 들어주었던 한 스님은 예수 같은 존재가 아니었다. 보기를 원하는 그에게 구원 역사를 이룰 수 있는 사람이 아니었다. 그는 네게 무엇을 해주기를 원하느냐고 묻지 않았다. 어쩌면 질문은 심학규에게서 나왔을지도 모르겠다. '내가 어찌하면 눈을 뜨겠습니까?' 스님은 질문 대신 그 일이 일어날 수 있는 조건을 제시한다. 공양미 삼백 섬, 부처님의 자비는 과연 재물을 필요로 했나? 의심스럽다. 심학규는 자신의 형편은 헤아리지 못하고 불쑥 삼백 섬을 바치겠다고 약속한다. 부처님께 지키지도 못 할 약속을 한 것은 더 큰 죄! 심학규의 간절한 소원은 더 큰 죄를 낳게 한다.

4. 소원 말하기

며칠 전 해가 바뀌었다. "이전 것은 지나갔고, 보라 새것이 되었도다." 2019년은 지나갔고, 보라 2020년이 되었도다. 새해가 되면서 누구나 마음속에 새로운 희망, 새로운 소원, 새로운 각오를 가져보았으리라.

만일 예수께서 나타나셔서 바디매오에게 했던 질문을 오늘 내게 하신다면, 나도 바디매오처럼 1초의 망설임 없이 말할 수 있을까? 나의 평생 숙원은 무엇일까? 독일 유학 시절 10년 동안 예수께서 오셔서 이와 같은 질문을 하셨다면, 나는 망설임 없이 말했으리라. '학위를 마치고 돌아가 10년간 어머니를 모시고 살면서 어머니가 이 딸로 인해 충만한 행복을 느끼도록 해주세요.' 그러나 어머니는 돌아가셨고, 그 후로 그 소원은 사라졌다.

유학을 마치고 돌아와 간절한 소원이 있었나? 결혼? 취업? 자녀의 건강? 경제적 안정? 사회적 지위? 내 삶을 안정화하는 온갖 세속적 욕구를 소원이라며 하나님께 빌지 않았는지 생각하게 된다. 솔직히 어머니를 위한 기도가 사라진 뒤 나 개인을 위한 기도는 별로 하지 않았다. 2020년 새해를 맞이하며 예수께서 동일한 질문을 하신다면 나는 바디매오처럼 쏜살같이 말할 게 뭔지 생각해본다.

올해는 이상하게 아무것도 생각나지 않는다. 소원 말하기를 망설이게 되는 이유는 무엇일까? 부족함이 없어서일까? 아니면 부족함에 익숙해서일까? 아니면 소원을 말하기 부끄럽기 때문일까? 잘못 말했다가는 심학규처럼 더 큰 죄를 짓게 되지나 않을까 염려하기 때문일까? 아니면 예수의 구원 능력을 믿지 못하기 때문일까? 글쎄 내가 소원을 말한들 무슨 의미가 있을까 하는 이러저러한 복잡다단한 마음이 소원을 말하지 못하게 하는 걸까?

아무 생각 말고 그저 소원을 말해보자. 그 소원이 주님 뜻에 적절한 것이 아니라면, 분명 다른 소원을 말하라고 다시 한번 기회를 주실 것이다. 당신의 소원은 무엇입니까? 주께서 당신에게 무엇을 해주기를 원하십니까?

아무 소원도 떠오르지 않을 때, 아니, 그 어떤 소원도 말하기 불편할 때, 어린 시절 항상 하던 그 기도를 다시 올려볼까?

주여, 내가 입을 열어 무슨 말을 하든지, 내가 무슨 행동을 하든지,
오로지 주님께는 영광이 되게 하시고,
내 주변의 사람들에겐 기쁨이 되게 하소서.
내 마음속은 언제나 주님에 대한 찬양으로 충만케 하소서.
주님께서 베푸신 모든 은혜를 바라볼 눈을 주시고,
주님께서 지시하시는 모든 규율을 들을 귀를 주셔서
주님과 동행하는 황홀한 기쁨을 누리게 하소서.

결국 나의 소원은 맹인 바디매오의 소원(막 10:51)과 청각 장애인의 아버지 소원(막 9:17-25)의 합성판인 셈이다.

무리 중의 하나가 대답하되 선생님 말 못하게 귀신 들린 내 아들을 선생님께 데려왔나이다(막 9:17).

예수께서 무리가 달려와 모이는 것을 보시고 그 더러운 귀신을 꾸짖어 이르시되 말 못하고 못 듣는 귀신아 내가 네게 명하노니 그 아이에게서 나오고 다시 들어가지 말라(막 9:25).

예수께서 이 긴 대답을 들으시느라 인내가 필요할 것 같다. 안 되겠다. 예수와 바디매오처럼 즉문즉답을 한다면,
"네게 무엇을 하여 주기를 원하느냐?"
"주여, 그저 노년의 삶을 건강하고 행복하게 해주소서."
　너무 개인적인 소원인가?

기쁜 소리 16

하나님을 사랑하라

예수께서 대답하시되 첫째는 이것이니 이스라엘아 들으라 주 곧 우리 하나님은
유일한 주시라 네 마음을 다하고 목숨을 다하고 뜻을 다하고 힘을 다하여 주 너의
하나님을 사랑하라 하신 것이요 둘째는 이것이니 네 이웃을 네 자신과 같이 사랑
하라 하신 것이라 이보다 더 큰 계명이 없느니라(막 12:29-31).

1. 들어가며: 계명과 사랑

기독교의 중심 사상은 사랑이라고 한다. 그런 주장의 근거로는
예수의 이 말씀을 들 수 있다. 예수의 이 말을 유도해낸 것은 서기
관 중 한 사람의 질문이었다. "모든 계명 중에 첫째가 무엇이나이
까?" 이 질문에 대한 예수의 첫 번째 대답이 바로 "주 너의 하나님
을 사랑하라"는 것이다. 예수 시대 유대인들은 마지막 때의 구원
을 갈구했고, 그를 위해서는 계명을 잘 지켜야 한다고 생각했다.
계명은 곧 하나님의 법이고, 그 법에 저촉되지 않는 사람들, 곧 의
인들은 마지막 심판 때에 살아남을 것으로 기대했기 때문이다.

계명 중에 가장 중요한 계명, 으뜸 계명을 묻는 질문에 대해 '사

랑'이 언급되자 우리는 당혹하게 된다. 우리는 법과 사랑을 매우 다른 영역의 개념으로 인식하기 때문이다. 법이라 하면 재판관이나 검사, 판사가 연상된다. 조국과 윤석렬이 연상된다 이 말이다. 그리고 사랑이라 하면 단옷날 그네를 뛰던 성춘향에게 반한 이몽룡이 연상된다. 혹은 20년이나 집 떠난 남편의 생사도 모르는 채오로지 남편 오디세우스를 기다려온 페넬로페 부인을 연상하게도 한다. 즉, 사랑이란 남녀 간의 강력한 끌림이나 부부의 연정 같은 남녀 관계에서 주로 쓰는 말이다. 그래서 계명과 관련된 질문에 대해 사랑으로 답했다는 사실이 놀라운 것이다.

유대인들은 지켜야 할 계명이 창세기부터 신명기까지 실려 있다고 여겼다. 계명만 모으니 613개 조라고 하고 남자들은 이 계명을 모두 외워야 한다. 지키기 위해서. 그런데 계명 중 가장 큰 것이 사랑이라니! 이게 무슨 말인가? 구약성서 전체에서 신은 두 가지 개념으로 이해된다. 그는 정의의 신이며 동시에 사랑의 신이다. 히브리어로 정의라는 말은 체덱, 츠다카, 미슈파트 등이 사용된다. 신의 법과 관련된다. 법대로 하는 것이 정의이고, 하나님의 뜻은 법에 다 들어 있다. 신이 정의로운 분이라는 것은 그가 자기 멋대로 행하는 것이 아니라 법대로 사람을 판결한다는 뜻이다. 구약성서 전체에서 신은 사랑의 신으로도 묘사된다. 히브리어로 사랑은 헤세드이다. 이 단어를 자비나 긍휼로도 번역할 수 있는데, 세속적인 남녀 사이에서나 사용되는 사랑이란 말로 번역한 것이 신기하다. 세속적인 언어와 구별하겠다며 평화 같은 표현을 화평이라 번역했는데 말이다.

그리스의 신들은 정의와 사랑을 절대 다른 개념으로 이해한다. 정의의 여신은 아테나이고, 사랑의 여신은 아프로디테이다. 아프로디테는 윤리도 정의도 없다. 남편 헤파이스토스를 싫어하고 그의 형제인 아레스를 사랑한다. 아테나는 법으로 세상을 다스린다. 법으로 처리하는 정의와 사랑은 하나가 될 수 없는 것이다.

그리스의 영향을 받은 탓인지 바울도 계명과 사랑을 대립 개념으로 이해하는 듯한 분위기의 글을 쓴다. "율법 안에서 의롭다함을 얻으려 하는 너희는 그리스도에게서 끊어지고 은혜에서 떨어진 자로다"(갈 5:4). 그뿐만 아니라 율법의 완성이 사랑이라고 예수님과 동일한 말씀을 전하기도 한다. "온 율법은 네 이웃 사랑하기를 네 자신같이 하라 하신 한 말씀에서 이루어졌나니"(갈 5:14).

2. 하나님을 사랑한다는 것의 의미

하나님을 사랑하라는 것이 계명 중 가장 크고 중요하다는 것은 무슨 의미일까? 하나님이 뭐가 부족하기에 사람들에게 사랑받기를 원하시는 걸까? 이스라엘의 신은 애정 결핍자 같지 않은가? 계명과 사랑이 매우 다른 개념이기는 하지만 법을 전하는 내용에 사랑도 많이 나온다.

가령 십계명에서 제일 먼저 신은 자기소개부터 한다. "나는 너를 애굽 땅, 종 되었던 집에서 인도하여 낸 네 하나님 여호와니라"

(출 20:2). 그리고 첫 계명을 내린다. "너는 나 외에 다른 신들을 네게 두지 말라." 이것은 결혼과 같은 관계 서약의 뉘앙스가 풍긴다. 계약을 맺는 것이다. 신과 인간의 관계. 세상에 많은 신이 있지만 이스라엘 백성은 이 한 신과만 결속력을 다지는 것이다. 결혼할 때 한 남자와 한 여자가 계약을 체결하는 것과 같다. 그리스인들은 다양한 신에 대해 이야기하지만 섬기는 신은 하나를 선택한다. 아테네인들은 아테나를 섬기고, 트로이인들은 아폴론을 섬기는 것과 같다. 히브리인의 신은 "내가 너를 선택했으니 너희는 나 외에 다른 신을 섬겨서는 안 된다"고 주장한다.

그리고 두 번째 계명을 눈여겨볼 필요가 있다. "너를 위하여 새긴 우상을 만들지 말고 또 위로 하늘에 있는 것이나 아래로 땅에 있는 것이나 땅 아래 물속에 있는 것의 어떤 형상도 만들지 말며 그것들에게 절하지 말며 그것들을 섬기지 말라 나 네 하나님 여호와는 질투하는 하나님인즉 나를 미워하는 자의 죄를 갚되 아버지로부터 아들에게로 삼사 대까지 이르게 하거니와 나를 사랑하고 내 계명을 지키는 자에게는 천 대까지 은혜를 베푸느니라"(출 20: 4-6).

이에 따르면 이스라엘의 신은 질투의 신이다. 이스라엘 민족이 이 신을 미워하거나 멀리하는 것을 용납할 수 없다. 신은 신을 사랑하는 자에게만 은혜를 베푼다. 신을 사랑한다는 것은 곧 그의 계명을 지킨다는 뜻이기도 하다. 신과 인간의 관계를 온전히 맺어야 한다는 의미로 다가온다. 사람과 사람이 사랑하는 것과 같이 이해하도록 기록된 것도 많다. 사랑은 곧 찾음이다. 자꾸 만나고 싶고 함께하고 싶다. "나를 사랑하는 자들이 나의 사랑을 입으며 나를 간절히 찾는 자가 나를 만날 것이니라"(잠 8:17). 사랑은 만나기를 간절히 바라는 것이다. 보이지 않는 하나님을 어찌 만날 수 있으랴, 어찌 찾아볼 수 있으랴, 어찌 가까이할 수 있으랴? 시편 기자는 다음과 같이 노래한다. "나의 힘이 되신 여호와여 내가 주를 사랑하나이다 여호와는 나의 반석이시요 나의 요새시요 나를 건지시는 이시요 나의 하나님이시요 내가 그 안에 피할 나의 바위시요 나의 방패시요 나의 구원의 뿔이시요 나의 산성이시로다"(시 18:1-2). 사랑은 상대를 알고 찬양하는 것이기도 하다.

하나님을 사랑하는 일이란 다름 아닌 그의 계명을 지키는 것임도 구약성서 전체에 흐르는 사상이다. "그런즉 네 하나님 여호와를 사랑하여 그가 주신 책무와 법도와 규례와 명령을 항상 지키라"(신 11:1), "내가 오늘 너희에게 명하는 내 명령을 너희가 만일 청종하고 너희의 하나님 여호와를 사랑하여 마음을 다하고 뜻을 다하여 섬기면 여호와께서 너희의 땅에 이른 비, 늦은 비를 적당한 때에 내리시리니 너희가 곡식과 포도주와 기름을 얻을 것이요 또 가축을 위하여 들에 풀이 나게 하시리니 네가 먹고 배부를 것이라"(신 11:13-15).

사랑이 무엇이라고 어떤 것이라고 말로 표현하기는 어렵지만, 사랑한다는 것은 모호하거나 추상적인 것이 아니라 매우 확실하고 분명한 것이다. 이스라엘인들은 신을 사랑하라고 표현했지만, 이것은 신과의 관계를 분명하고 견고하게 하라는 뜻이다. 그래야 신의 계명도 의미가 있다. 신을 무시하면 그의 계명을 경홀히 하게 되고, 그 결과는 멸망이다. 하나님 사랑에 대한 요구는 그의 은혜를 얻기 위한 조건처럼 제시되어 있다. 지금까지 관찰한 몇 가지 표현에서 정리해보면 하나님을 사랑한다는 것의 의미는 다음과 같다고 할 수 있을 것이다.

1) 신을 사랑한다는 것은 그와의 관계를 돈독히 하는 것으로, 그의 은혜를 얻기 위한 조건이다.
2) 관계를 돈독히 하려면 자주 만나서 사귀어야 한다.
3) 신은 볼 수 없는데 어떻게 만나나? 그의 뜻이 담긴 계명을 만나는 것이다.
4) 신을 사랑한다는 것은 결국 그를 찬양하고 그가 주신 계명을 신실하게 지키는 것이다.

이스라엘의 신은 그가 선택한 백성과 돈독한 관계를 원한다는 점에서, 즉 그들의 사랑을 원하고 질투한다는 점에서 그리스의 신들과 확연히 다르다. 그리스의 신들은 자기 마음대로 움직인다. 사람이 간절히 기도를 하면 들어주기도 하고 들어주지 않기도 한다. 인간의 사랑에 얽매이지 않는다. 인간에게 사랑을 요구하지도 않는다. 그들의 자의로 잘 돌보아주다가 버리기도 한다. 아폴론은 트로이를 지켜주다가 안 되면 슬그머니 버리기도 한다. 신의 자유이다. 히브리의 신은 조건적이다. "너희가 나를 사랑하면, 나는 너희에게 은혜를 베풀리라."

3. 이웃 사랑의 의미

예수가 계명 중 가장 중요한 계명으로 뽑은 두 번째 내용은 이웃 사랑이다. "네 이웃을 네 자신과 같이 사랑하라." 이 말씀은 레위기 19장 18절에 나온다. 예사로 그냥 스쳐 지나치는 말씀 정도이다. 보통 사람이면 간과할 수도 있는 말씀을 예수는 계명 중에 가장 으뜸이 되는 큰 계명으로 뽑았다. 여기서 이웃 사랑이란 이몽룡이 성춘향을 보고 사랑에 빠진 것 같이 이웃에게 감정적으로 끌리는 것을 의미하지는 않을 터이다. 사람들은 그래서 사랑도 종류가 여럿이라고 분류하기도 하였다. 『사랑의 기술』을 저술한 에리히 프롬은 그의 책에서 다양한 사랑을 소개하기도 했다. 성서에서 말하는 사랑이 부모가 자녀에게 베푸는 헌신적인 사랑은 아닐 것이다. 신과 인간의 관계 맺음과 같은 사랑도 아닐 것이다. 이웃을 내 자신과 같이 사랑한다는 것은 무슨 의미일까?

문맥으로 살펴본다면 어쩌면 더 구체적인 답을 얻을 가능성이 있다. 레위기 19장 13-14절에 다음과 같이 기록되어 있다. "너는 네 이웃을 억압하지 말며 착취하지 말며 품꾼의 삯을 아침까지 밤새도록 네게 두지 말며 너는 귀먹은 자를 저주하지 말며 맹인 앞에 장애물을 놓지 말고 네 하나님을 경외하라." 쉽게 말하면, 이웃 사랑이란 이웃을 괴롭히지 말라는 뜻이고, 이는 하나님 경외와 연결된다는 점을 주목할 필요가 있다.

바울이 로마 교회에 보낸 편지에 기록한 것처럼 공감하는 것을 사랑이라고 보면 될까? "즐거워하는 자들과 함께 즐거워하고 우는 자들과 함께 울라 서로 마음을 같이 하며"(롬 12:15-16). 타인의 즐거움에 함께 즐거워하고 타인의 슬픔에 함께 슬퍼하기가 쉽지는 않다. 겉으로 의례적인 인사를 할 수는 있겠지만 실상 마음속은 다를 수 있다. 어떤 사람의 아들이 서울대학에 입학했다고 한턱을 낸다고 초대받아서 함께 식사하며 즐거워할 수 있지만, 내면에서는 내 아들은 왜 그렇지 못할까 슬픈 마음이 들 수도 있다. 또한 불행한 일을 당한 이웃에게 점잖게 애도의 뜻을 전하지만 마음속에선 '하나님 내게 저런 불행이 닥치지 않게 하시니 감사합니다'라고 감사 찬양을 할 수도 있다. 진정으로 이웃과 공감하려면 내게도 같은 경험이 있거나 아니면 나를 온전히 비우고 이웃을 주인공으로 세울 때 가능하다.

바울은 그 다음에 "사랑은 이웃에게 악을 행하지 아니하나니"(롬 13:10)라고 표현하기도 했다. 선이란 무엇인가? 바울도 예수의 말씀을 어디서 들었는지 다음과 같이 표현하기도 한다.

"피차 사랑의 빚 외에는 아무에게든지 아무 빚도 지지 말라 남을 사랑하는 자는 율법을 다 이루었느니라 간음하지 말라, 살인하지 말라, 도둑질하지 말라, 탐내지 말라 한 것과 그 외에 다른 계명이 있을지라도 네 이웃을 네 자신과 같이 사랑하라 하신 그 말씀 가운데 다 들었느니라"(롬 13:8-9).

네 이웃을 사랑하기를 "네 자신을 사랑하는 것"처럼 하라는 말을 음미하면 좀 이해할 수 있을 것 같다. 자기 자신을 사랑하지 못하는 사람은 이웃도 사랑할 수 없다. 자신을 사랑한다는 것은 구체적으로 어떤 일을 말하는 것인가? 한국 사회같이 자살률이 높은 나라에서 자신을 사랑하는 것이 무엇인지 대답하기는 쉽지 않다.

암을 발견하기 전까지 나는 "네 이웃을 사랑하라"는 말씀에만 천착하고 나를 돌보는 일은 생각지 못했다. 나의 일신상의 안위를 위해 기도하는 것조차도 이기적인 행위라 생각했다. 타인을 위한 삶이 신이 원하시는 삶으로 생각했다. 이타적인 것은 훌륭하고 이기적인 것은 나쁘다고 생각했다. 그런데 요즘은 암 수술을 받고 항암 치료를 받으면서 이기적이라 할 만큼 나 자신에게 집중한다. 그야말로 살기 위함이다. 다른 사람 잘 먹이려고 하기 전에 자신의 건강을 위해 잘 먹으라. 다른 사람 즐겁게 해주기 위해 재미있는 이야기를 해주고 친절하게 대했던 일들도 이젠 2순위이다. 예전에는 '너의 행복이 나의 행복'이라고 생각하며 타인의 행복을 먼저 생각했다. 어떻게 하면 함께 있는 사람을 즐겁게 해주나 그런 생각이 많았다면, 이제는 나부터 행복하고 즐거워야 한다고 태도가 바뀌었다. 내가 행복해야 행복한 미소를 타인에게 줄 수 있다. 아픈 사람이 남에게 무슨 좋은 일을 할 수 있으랴? 결국 이런 경험을 통해 "네 자신을 사랑하는 것"이 무엇인지 처음으로 경험하고 있다. 나 자신을 사랑하는 일은 내가 이 험한 세상에서 살아가도록 돌보는 것이다. 건강을 위해 음식을 섭취하고, 움직이고, 정서적 안정과 평화를 위해 교제 범위도 제한하는 것이다.

그렇다면 이웃 사랑은 애매모호하고 추상적인 것이 아니라 이웃도 '나처럼' 살아갈 수 있도록 해주는 것이다. 내 자식을 잘되게 하기 위해 다른 집 자손에게 해를 가하는 것은 악이다. 이웃에게 악을 행하는 것은 살지 못하게 괴롭히거나 죽이는 일을 말한다고 할 수 있다. 이웃이 괴롭도록 소음을 낸다거나 사소한 일로 트집을 잡아 괴롭히는 일, 먹을 것이 없어서 굶고 있는 것을 알면서 모르는 척하고 굶어 죽도록 방치하는 것 등등 살 수 없게 하는 것이 모두 악이다. 인격을 모독해서 정신을 해치고 폭행을 해서 몸에 상처를 주는 등 사람을 죽게 만드는 행위가 바로 사랑의 반대, 악이다.

요약해보면 다음과 같다.

1) 이웃 사랑은 이웃의 아픔과 기쁨에 공감함으로 외롭게 고립시키지 않는다.
2) 이웃 사랑은 이웃을 살리는 일이다.
3) 나의 생명이 귀한 것처럼 이웃의 목숨도 귀하다.
4) 이웃 사랑은 이웃을 괴롭히거나 해하지 않는 것이다.

이 정도로 이웃 사랑에 대해 정의를 내려 보았으니, 예수나 바울이 이웃 사랑을 넘어 원수 사랑까지 강조한 것도 어렵지 않게 이해할 수 있을 것이다. 원수가 배고플 때 먹을 것을 주고 목마를 때 마실 것을 주어 삶을 영위할 수 있도록 하는 것이 다름 아닌 원수 사랑인 것이다. 사랑은 끌리는 감정이 아니라 살리기 위한 구체적인 행위이다. 마지막으로 한 가지 질문을 던져본다. 하나님 사랑과 이웃 사랑이 밀접한 연관성이 있는 걸까? 있다면 무슨 관계일까?

이웃은 다름 아닌 사람들이다. 하나님 사랑과 사람 사랑을 동등한 가치로 내놓을 수 있을까? 예수를 포함한 이스라엘 사람들에게 신과의 관계는 그들 존재의 기초였을 것이다. 그것은 창세기 1장과 2장에 언급된 '창조자 하나님'이란 개념이 그들의 인식에 깔려 있기 때문이다. 하나님이 창조주시고, 그 위대한 창조 중에 "그의 형상대로" 인간을 창조했다는 창조 신앙이 예수의 사상에 기초로 깔려 있다고 보면 된다. 하나님이 만든 존재들이니 그가 가난하든 부자든, 머리가 좋든 나쁘든, 권력이 있든 없든, 남자든 여자든, 장애인이든 비장애인이든, 히브리인이든 이방인이든 모두 나와 같은 하나님의 형상이니, 나나 내 이웃이나 생명을 주신 하나님을 뜻을 받든다면 어느 누구도 억압하거나 학대하거나 인격을 모독하거나 생명에 위해를 가해서는 안 될 것이다. 이러한 생각이 이웃 사랑으로 표현되었을 것이다. 그렇다면 하나님 사랑은 인간의 모든 행위의 기반을 이루는 이론적 근거이며, 이웃 사랑은 하나님 사랑의 구체적인 현실, 즉 하나님 사랑의 구현이라고 말해도 좋을 것이다.

4. 나가며: 사랑보다 귀한 것은 없다

사랑하는 일이 어떤 일인지 이해하기도, 설명하기도 어렵기 때문에 혹자는 사랑을 '친절'로 바꾸어보자고 제안하기도 한다. 필자의 지도교수였던 허혁 교수도 그런 제안을 하셨고, 최근에 지인

목사님도 사랑 대신 친절을 쓰자고 제안했지만, 언어 감각에 예민한 나로서는 사랑을 친절로 대체할 수 없다. 사랑이 사람과 사람 혹은 사람과 하나님 관계에서 본질적인 면을 의미한다면, 친절은 외적인 면을 부각하기 때문이다. 세계에서 가장 친절한 사람들로 일본인들이 언급되지만, 일본인들을 상대해본 사람들은 말한다. "그들이 친절하기는 하지만 속마음을 알 수 없어"라고.

내가 어떤 사람을 사랑한다면, 그와 자주 만나길 갈구하고 그를 알기 원하며, 그가 바르지 않으면 올바른 길을 가르쳐 알려주고 싶다. 그래서 화를 낼 수도 있고 야단을 칠 수도 있다. 그러나 내가 사랑하기를 포기했을 때 '냉담한 친절'이란 표현을 써보았다. 사회 생활을 하다 보면 그 사람을 상대하기 싫어도 부딪히게 되니, 내가 그를 좋아하지 않는다는 것을 모르게 냉담한 친절을 베풀리라고 마음먹은 적이 있다. 냉담한 친절이란 상대가 하는 말과 행동에 대해 노코멘트하고 그저 친절한 인사로만 대하는 것이다. 이건 사랑이 아니다. 그가 옳거나 말거나 간섭하지 않겠다는 뜻이다.

사랑은 신과의 관계에서건 인간과의 관계에서건 진정한 관계를 맺기 위해 가장 중요한 것이다. 신에 대한 사랑이 그의 계명을 준수하는 것이라 한다면, 이웃에게 친절을 넘어 이웃이 법도에 어긋나는 일을 할 경우에는 지적하고 야단을 치는 일도 가능한 게 진정한 이웃 사랑일 것이다. 예수께서 하나님 사랑과 이웃 사랑으로 구약성서의 모든 계명을 요약하신 것은 그가 신의 뜻을 간파하셨던 것이라고 생각한다. 가히 천재적이다.

코로나 19 시대 교회 혁명

예수께서 이르시되 네가 이 큰 건물들을 보느냐 돌 하나도 돌 위에 남지 않고 다
무너뜨려지리라 하시니라(막 13:2; 마 24:2; 눅 21:6).

I. 들어가며: 위기 상황

2020년은 covid-19로 시작해서 covid-19로 마감한다. 겨울
이 되자 확진자가 늘고 있으며 12월 13일 현재 확진자 수가 1,000
명이 넘어 코로나 첫 환자가 나온 이후 최대라고 한다. 코로나의
위기 상황은 전 세계적 현상이다. 미국은 확진자가 1,650만 명이
넘었고 사망자도 30만 명이 넘었다. 중국의 경우는 수를 가늠하기
어렵다고 한다.

예전의 바이러스는 박쥐에서 발생하여 동물들을 숙주로 하여
퍼져나갔다면, 이번 코로나19는 바이러스가 사람을 숙주로 한다
는 점에서 무서운 것이었다. 바이러스 감염을 차단하기 위해서는

사람과의 대면을 막아야 한다. 그리하여 학교나 학원, 종교 시설, 헬스장, 문화 센터, 카페 등 집단시설에 대해서 특히 주의를 요하고 있다. 코로나19로 인해 세계 전역에서 사람들이 마스크를 쓰고 서로 격리하며 지내니 모두 스트레스를 받고 있다.

살기가 힘들어지면 사람들은 변화를 바란다. 1980년에 발족한 '한국여신학자협의회'는 한국의 교회가 개혁되기를 바라며 40년 동안 이러저러한 개혁안을 제시했다. 하지만 교회는 달라지지 않았다. 여신학자들의 노력과는 달리 오히려 교회의 세속적 경향은 더욱 강해졌다. 교회마다 더 많은 사람을 모이게 하고, 더 많은 돈을 축적하며 하나님의 일을 한다고 외쳤다. 교회 개혁을 준비했던 사람들은 40년 동안 이루지 못한 교회 변화를 코로나19가 단번에 이루고 있음을 본다. 누군가는 많은 사람이 모이는 일을 자제해달라는 정부 당국의 부탁이 종교 탄압이라며 굳이 예전의 대면 예배 방식을 고집하기도 한다. 이들은 절대 변하지 않고 과거의 방식을 고수하겠다는 태도를 가진 것이다. 필자의 눈에 현시대 징후는 우리로 하여금 변화할 것을 요구하는 신의 의지가 가미된 것으로 보인다.

살기가 어려워서 세상이 변하기를 기대한 것은 2,000여 년 전 예수께서 지상 생활을 할 때 유대인들도 마찬가지였다. 오랜 세월 바빌로니아와 페르시아, 이집트, 시리아, 로마에 이르기까지 수많은 열강에게 지배당했기 때문이기도 했지만, 국내적으로는 율법을 붙잡고 구원을 운운하며, 소수의 건강하고 부유한 사람들은 하나님의 법을 잘 지켜 복을 받기 때문이고, 다수의 가난하고 헐벗은 사람들은 업신여김을 당하고 학대당했기 때문이다. 외롭고 병든 사람들을 돌봐줘야 하는데 오히려 사회에서 격리하고, 벌을 받아 그런 것이라고 더더욱 저주했다.

2. 오늘의 현실: 집단 감염의 위험

이번 세계적 차원의 재앙을 불러온 코로나 팬데믹은 인류의 삶을 바꾸어놓았다. 모든 아이에게 교육 기회를 주기 위해 세운 학교는 학생들이 모여 집단으로 배우고 뛰어노는 곳이었다. 유치원부터 초등학교, 중고등학교—우리나라의 경우는—대학교까지도 학생이 많다. 감염자가 늘어나면서 모든 학교 시설은 제재를 받게 되었다. 그뿐만 아니라 모든 종교 시설과 의료 시설, 유흥 시설, 군대도 제재를 받았다. 밀폐된 공간에서 여러 사람이 일정 시간 함께 지내면 감염의 위험이 클 수밖에 없기 때문이다.

집단 감염의 위험은 이미 오래전부터 동물 사이에서 발생했던 조류독감이나 돼지열병 등으로 이미 알려진 바 있다. 당시에도 많은 생명이 살처분되었다. 현재 우리가 겪고 있는 코로나 상황이 그 어떤 것보다 무서운 것은 바이러스가 동물만 아니라 인간도 숙주로 삼는다는 점이다. 서울이나 뉴욕과 같은 인구 밀집 도시는 바이러스 감염 위험이 높다. 이제 사람들은 사람들과 가까이 하기보다는 일정한 거리를 두고 마스크를 써야만 한다. 과거의 아름답던 모임들, 가치관 등을 더 이상 가지고 살기 어렵게 되었다. 이제 사람들은 5인 이상 모여서는 안 된다!! 모여서 한가족됨을 나누고 하나님을 찬양하며 예배드리는 것이 교회의 생명이라 여기던 교인들은 이제 다시 생각해야 한다. 코로나19 사태로 인해 종교 모임을 자제해달라는 정부 차원의 규제를 종교 탄압이라고 부르던 교계 지도자들도 있다. 그래도 집단 감염의 위험을 겪은 뒤에 어쩔 수 없이 정부 방침을 따라야 한다는 것을 인지하는 것 같다. 위험한 일임에는 틀림없기 때문이다.

예수 시대 많은 유대인들도 집단 감염에 걸렸던 것 같다. 바리새파 사두개파 에세네파가 서로 자기네들처럼 성경을 이해하고 실천하는 사람만 구원을 얻을 수 있다고 주장하는 것부터, 법을 지키기 위해서라면 생명의 죽음에도 눈 하나 깜짝하지 않는 태도라든지, 자신들은 법을 잘 지켜 구원은 맡아놓은 자들이라는 오만함으로 가난하고 병든 자를 돌보기는커녕 더욱 학대하는 것을 아무렇지도 않게 했으니 말이다.

3. 기존 질서의 파괴로 인한 두려움

마가복음에 전해지는 예수의 말씀은 성전의 파괴에 관한 것이다. 예수 시대 이스라엘 사람들에게 가장 중요한 것은 성전이었다. 그들에게 성전은 하나님이 계신 곳이다. 그리고 성전에서 가장 소중한 일은 예배였다. 그들의 예배란 레위기에 기록된 대로 포로기 이후에 재건한 성전에 절기와 경우에 따라 희생 제물을 바치는 것이었다. 그들은 하나님이 성전 안에 계시며 자신들이 드리는 제물을 기뻐 받으신다고 생각했다. 물론 생각이 있는 사람은 이러한 희생 제물이 무슨 의미가 있는지 묻는다. "나는 인애를 원하고 제사를 원치 아니하며 번제보다 하나님을 아는 것을 원하노라"(호 6:6). 레위기에 기록된 대로 제물을 드리는 행위를 하나님이 기뻐하지 않는다는 것을 고발한 예언자도 있다.

희생 제물의 무의미함과 성전이 무너지리라는 예언은 쿰란 문헌에서도 발견된다. 11QTemple(성전 문서)은 사람이 만든 성전이 무너지고 나면 하늘에서 하나님이 예비하신 성전을 땅 위로 내려주실 것이라는 성전 건축에 관한 내용을 담고 있다. 사람이 만든 성전은 무너져야 한다는 것이다. 예수도 당시 현재를 비판적으로 보는 사람들처럼 성전 제의에 대한 불신이 있었다.

"예수께서 성전에 들어가사 성전 안에서 매매하는 자들을 내어 쫓으시며 돈 바꾸는 자들의 상과 비둘기 파는 자들의 의자를 둘러 엎으시며 아무나 기구를 가지고 성전 안으로 지나다님을 허락하지 아니하시고 이에 가르쳐 이르시되 기록된바 내 집은 만민이 기도하는 집이라 칭함을 받으리라고 하지 아니하였느냐 너희는 강도의 소굴을 만들었도다 하시매"(막 11:15-17). 이 본문은 성전 제의를 드리는 핑계로 성전이 장사하는 집으로 변질된 것을 비판하는 내용이라 하겠다.

유대인들은 타 민족에 비해 '거룩' 개념을 강하게 가진 민족이다. 다른 나라 땅과 달리 그들의 땅을 다른 것과 구별된 거룩한 '성지'라고 했고, 그들이 가진 문서를 세상 어느 문서와 다른 거룩한 '성서'라고 했으면, 그 어느 건축과 달리 하나님께 제사 드리는 장소를 거룩한 '성전'이라고 했다. 이 거룩 개념을 바탕으로 그 어떤 어려움도 견뎌내는 인내의 민족이다. 그 민족을 선택하고 돌보시는 하나님께 온전히 제물을 드리면 복 받고 구원을 얻을 것이라는 소망으로 버텨왔다. 그런 그들에게 성전의 무의미함을 외친 자들이 있었다.

쿰란 공동체의 지도자 의의 선생도, 우리의 예수님도. 그들은 세상의 가르침에 모순은 느꼈고, 진정 하나님의 의도를 찾으려고 애썼으며, 결국 법을 주신 하나님의 마음을 읽은 분들이다. 너희들이 아름답고 거룩하다고, 하나님이 계신 성전이라는 그 큰 건물은 돌 하나도 남지 않고 "다 무너뜨려지리라."

하나님은 사람이 만든 건물 속에 머물지 않는다. 하나님은 무소부재하시다. 건물을 짓고, 하나님을 그 안에 가두고, 하나님이 기뻐하시리라는 희생 제물을 드리고… 이 모든 것은 인간의 생각에서 나온 것이다. 하나님이 원하시는 것은 아니다. 인간이 만든 것은 다 무너지리라. 이 얼마나 무서운 예언인가? 사람들은 옛것에 익숙해서 새로운 세상을 바라면서도 동시에 새로움에 공포를 느끼기도 한다. 그렇기 때문에 새로운 큰 변화는 하나님이 하시는 것이다. 결국 이스라엘의 성전은 예수가 죽고 40년 후에 무너졌다. 그리 오랜 기간도 아니다.

코로나 19로 하나님이 무너뜨리고 싶으신 것이 무엇인지 진정한 마음으로 살펴볼 때인 것 같다. 예수 시대에는 사람들의 우상인 성전이었는데, 우리 시대에 우상은 과연 무엇일까? 1945년 해방되고 3년 지나 남쪽 정부 수립 후 70여 년 권력 옆에 붙어서 모든 악행을 해오고 심지어 검찰총장을 임명하는 대통령조차 무시하는 기고만장한 검찰 조직인가? 그들과 함께 기득권을 유지해온 조중동과 같은 언론인가? 학벌카르텔로 똘똘 뭉쳐 기득권을 유지하려는 세력들인가?

2016년 수백만 명이 광화문에 모여 촛불을 들고 시위를 벌인 이유는 무능하고 횡포하는 정치세력을 무너뜨리고 진정 모든 백성이 사람답게 자신의 능력대로 대우받으며 살 수 있는 세상을 만들려고 했던 것이 아닌가? 민주 촛불세력이 원하는 것과 하나님이 원하는 것은 일치할까? 하나님은 모든 사람을 창조하시고 보기에 좋았다고 하셨으니⋯ 그 어느 누구도 그 어느 누구에 의해 탄압받기를, 차별받기를 원치 않으실 것 아닌가? 그런데 그런 세상을 만드는 게 왜 그렇게 어렵단 말인가? 변화를 두려워하는 기존 세력들의 완강하게 버티고 있기 때문이 아닌가.

4. 나가며: 하나님이 원하시는 교회

마지막으로 하나님이 covid-19로 교회에 바라는 것이 무엇일까 생각해본다. '한국여신학자협의회'와 여러 기독교 단체가 40여

년 교회의 문제점을 지적하고 개혁을 외쳤지만, 교회는 개혁되지 않았고 여전히 대형교회 담임목사의 재정 횡포와 세습, 성범죄가 만연해 있다. 교회 내 주요 결정도 비민주적이고 여성들은 여전히 남성들에 비해 부당한 대우를 받고 있다.

covid-19로 인해 교인들의 모임을 축소하나 온라인 예배로 대체하며 예전의 예배 모습을 유지하면서 이 또한 지나가리라 낙관하는 분들도 많다. 그런 낙관론에 빠져 있으면 그 어떤 비상사태에도 교회는 변하지 않을 것이다. 그동안 주일 성수와 십일조, 전도를 외쳤던 것의 속내는 무엇인가? 아직도 청량리역 앞에는 기타를 치고 찬송을 부르며, '예수 천국, 불신지옥'이라는 표어를 몸에 두르고 예수 믿으라고 전도하는 활동가들이 있다. 예수 믿는다는 것이 무엇을 의미하는지 모르는 채 길 가는 사람 아무에게나 "예수 믿으세요"라고 외치는 것이 하나님 뜻에 맞는가?

이 세상을 창조하시고 만민을 구원하시려는 하나님의 뜻을 이루기 위해 교회는 무엇을 해야 할까? 하나님이 보시기에 좋은 교회가 아니면 이번 기회에 다 무너져 사라질 수도 있다. 하나님이 보시기에 아름다운 교회로 바꾸어보자. 개혁 수준이 아니라 완전 혁명적으로.

1) 담임목사를 남자만 한다는 것이 하나님이 보시기에 좋으실까? 하나님은 아담이 "혼자 사는 것이 좋지 않다"고 보았다(창 2:18). 남성 목사만큼 여성 목사가 담임을 하는 교회가 많으면 하나님이

좋아하실 것 같다. 하나님은 남자와 여자로 사람을 창조하셨으니 (창 1:27), 하나님의 일을 하는 데 남자만 할 필요가 어디 있겠는가? 남자 여자 구별 없이 하나님의 일을 하는 것이 마땅하다.

2) 십일조 강조는 더 이상 하지 말자. 십일조로 살아가던 제사장 레위 계급은 70년 예루살렘 성전이 무너진 뒤엔 소멸했다. 헌금을 하늘에 쌓는 적금이라는 거짓말도 하지 말자. 하나님이 뭐 돈이 필요할 분이신가? 하늘이 은행인가? 돈은 다만 교회 유지와 교인들을 돌보고 목회자가 궁핍하지 않게 살도록 하기 위해 필요한 것이다. 이를 위해 소정의 비용이 발생하는 것을 인식시키고, 교회 구성원이라면 적절한 수준에서 분담금 내지 기여금을 내는 것이 마땅함을 가르치자. 사람이 모이는 곳이면 비용이 드는 법이고, 교회도 마찬가지일 뿐이다. 종교 동아리 정도로.

3) 주일 성수도 강조하지 말자. 신앙심이 깊은 사람이라도 일이 많고 바쁘면 주일에 교회 못 나오고 늘어지게 잘 수도 있다. 선교사들이 처음 한국에 들어와 선교할 무렵엔 주일 성수를 강조했던 것이 이해된다. 기독교를 통해 서구적 사고방식과 가치관을 가르치려면 참석하도록 종용할 수밖에 없었을 것이다. 그 외 아무도 드러내놓고 말하지 않지만, 주일 성수를 강조한 것은 돈 때문이기도 하다. 기독교가 들어오기 전 샤머니즘에 익숙한 한국인들은 가정에 우환이 들면 돈을 들고 박수나 무당을 찾아가던 버릇이 있어서 그랬던 것 같다. 쉽게 말하면, 예전에 무당을 찾아갈 때 빈손으로 가지 않던 버릇을 이용한 것이다.

앞으로는 주일 예배에 참석을 하든 못 하든 기부금은 착실히 내도록 하고 자유로운 신앙생활을 하도록 자유를 주자. 요즘 비대면 예배로 전환된 이후 젊은 교인들은 예전보다 더 열심히 예배에 참여한다고 한다. 늦잠을 자고 나서 오후에 이 교회 저 교회 마음에 드는 설교와 예배를 찾아 두세 교회를 방문한다고 한다. 예전에 많은 목사들은 지정한 한 제단에서 예배드리는 것이 옳다며 다른 교회에서 맛보는 예배를 '극혐'했다. 그러나 covid-19 시대에는 두세 교회를 방문하는 것이 한 교회도 방문하지 않는 것보다 못하다고 할 수는 없지 않은가!

4) 유교와 결탁한 교회, 샤머니즘과 결탁한 교회, 신자유주의 자본주의와 결탁한 교회는 이제 청산하자. 교회에서 연령 고하에 따라 차별을 하는 것, 성별에 따라 차별하는 것, 재산 여하에 따라 차별하는 것, 권력 여하에 따라 차별하는 것, 이런 일들은 모두 다 청산하자. 진정한 하나님의 말씀을 전하고, 하나님의 말씀대로 살면서 기쁨과 행복이 넘치는 교인이 있는 교회가 하나님 보시기에 좋지 않을까?

배고픈 자에게 먹을 것을 주고, 목마른 자에게 마실 것을 주며, 헐벗은 자에게 의복을 주고, 홀로 있어 외로운 자에게 찾아가 주고, 사랑이 필요한 자를 사랑하며… 그 어떤 삶이든 감사와 행복을 느끼는 사람들이 모이는 교회. 그것이 바로 하나님이 기뻐하며 바라보실 하나님의 진정한 교회이다.

네게 오히려 한 가지 부족한 것이 있으니

예수께서 길에 나가실세 한 사람이 달려와서 꿇어 앉아 묻자오되 선한 선생님이여 내가 무엇을 하여야 영생을 얻으리이까 예수께서 이르시되 네가 어찌하여 나를 선하다 일컫느냐 하나님 한 분 외에는 선한 이가 없느니라 네가 계명을 아나니 살인하지 말라, 간음하지 말라, 도둑질하지 말라, 거짓 증언하지 말라, 속여 빼앗지 말라, 네 부모를 공경하라 하였느니라 그가 여짜오되 선생님이여 이것은 내가 어려서부터 다 지켰나이다 예수께서 그를 보시고 사랑하사 이르시되 네게 아직도 한 가지 부족한 것이 있으니 가서 네게 있는 것을 다 팔아 가난한 자들에게 주라 그리하면 하늘에서 보화가 네게 있으리라 그리고 와서 나를 따르라(막 10:17-22; 마 19:16-26; 눅 15:18-27).

1. 들어가며: 걸검돌

이 본문은 한국교회가 설교에 잘 선택하지 않는 본문들 중에 하나가 아닐까 한다. 이 본문에 나오는 예수님의 말씀처럼 "가서 네 가진 것을 다 팔아 가난한 자에게 주라"고 설교한다면 교인들이 목사를 싫어할 것이고 그 다음 주일 썰렁한 예배당에 서 있게 될 것이 뻔하기 때문이다. 순진하고 어리석은 목사들은 예수님의 말씀, 성경 말씀에 충실한 진리의 설교를 하고 나면 그 다음 주일엔 교인 수가 주는 것을 경험한다. 머리가 있는 설교자는 이러한 경험을 직접 하지 않더라도 그럴 거라는 것을 뻔히 예측할 수 있다. 설교 단상에서 교인들을 바라보면 그들의 눈초리에서 그들의 욕망을 읽을 수 있기 때문이다.

'잘살아보세'를 국가 경제의 모토로 내세웠던 1970년대, 아니 지금 21세기에도 정치가의 성공 기준은 국민 경제를 육성해 국민들이 잘 먹고 잘사는 것이다. 게다가 자본주의 정신까지 지배적인 1980년대 후반 이후 현재까지 한국 사회는 모든 사람이 다 같이 잘사는 것을 거부하고 능력별로 잘사는 것을 선호한다. 그래서 여전히 기득권자들은 자신들이 누리는 것을 자손대대 누리게 하고 싶어 한다. 잘사는 사람은 더 잘살고, 못 사는 사람은 더 못 살아야 한다고 생각하는 비기독교적 기독교인들이 상당히 많다. 그들은 '나는 예수 잘 믿고 교회생활에 충성하기 때문에 경쟁에서 이겨 잘사는 것이고, 가난하고 고생하는 사람들은 복 받지 못한 것이라'고 생각하며 가난한 사람들을 업신여긴다.

이런 사회 분위기 속에서 어떤 목사가 "네 가진 것을 다 팔아서 가난한 자를 주라"는 메시지를 전할 수 있을까? 아무도 듣고 싶지 않다는 것을 알기 때문에 대다수의 목사는 이 본문을 불편해한다. 일반 교인들도 이 본문에 걸려 넘어진다. 걸림돌인 것이다. 그래서 고민한 목사들은 이 본문대로 설교하지 못하고 십일조만 강조하는 것이다. 다 주지 않아도 된다. 네 소득의 10분의 1만 정확히 내도 하나님은 축복하신다고…. 예수도 의미 없다고 비판했던 유대교의 종교적 태도를 더욱 강조한다.

물론 예수님과 똑같이 "네 가진 것을 다 팔아 가난한 자에게 주라"고 가르치진 못해도, 유사하게 설교한 사람도 있다(공영방송에 나왔던 내용이니 여기서 교회 이름과 목사 이름을 밝힐 수 있을 것이다). S교회 K목사는 하나님이 기뻐하실 헌신으로 교인들에게 이렇게 설교했다. "1억짜리 집을 팔아 3천만 원짜리 집으로 이사 가고 7천만 원을 교회에 헌금하면 하나님이 얼마나 기뻐하실까요. 하나님은 이렇게 헌신하는 사람을 좋아하십니다." 언뜻 들으면 예수님의 메시지만큼 강력하지는 않아도 매우 유사하다. 다 팔아버리는 것이 아니라 그 가격의 70%를 자기에게 내라는 것이다. 예수님의 메시지와 결정적으로 다른 것은 이것이다. 네 가진 것을 다 팔아 교회에 내라고 하며 K목사는 자기 재산을 불렸고, 예수님은 네 가진 것을 다 팔아 "가난한 자에게 주라"고 한 점이다.

　필자는 예수님의 말씀에서 "가서 네 가진 것을 다 팔아 가난한 자에게 주라"는 명령조의 말씀보다 바로 그 앞에 나오는 지적의 말씀이 마음에 와닿는다. "네게 오히려 한 가지 부족한 것이 있으니…." 이 말씀과 연결해 이해해야, 과격하게 들리는 "다 팔아 가난한 자에게 주라"고 한 예수의 의도를 알 수 있다. 그리고 지난해부터 자꾸 다음과 같은 개인적 성찰의 질문이 떠오르기 때문이다. "주여 제게 부족한 점이 무엇이니이까?"

2. 영생을 구하는 자의 질문

　예수의 말은 대개 대화 맥락에서 나오는 경우가 많다. 이름과 지위를 알 수 없는 한 사람이 예수께 달려 나와 '꿇어앉기'까지 하면서 예수에게 묻는다. "선한 선생님이여 내가 무엇을 하여야 영생을 얻으리이까?"

영생에 관해 진지한 질문을 던지는 걸 보니 우리는 이 사람이 매우 신실한 종교인이라고 짐작하게 된다. 우리의 생각에는 대부분의 사람이 "내가 무엇을 하여야 부자가 되겠나이까?"라고 물을 것이기 때문이다. 이 사람은 이미 가질 만큼 가진 부자인 것이다. 이 이야기의 결미에 나오는 "그 사람은 재물이 많은 고로 이 말씀으로 인하여 슬픈 기색을 띠고 근심하며 가니라"(막 10:22)는 표현이 그 사실을 확인해준다.

충분한 재산을 가지고 있으면 재물에 대한 관심보다 영적인 관심이 많아지는 걸까? 그건 아닌 것 같다. 우리는 우리나라뿐만 아니라 세계적으로도 재물은 이 정도면 됐다고 돈 버는 일을 멈추는 사람을 본 적이 없다. 부자들이 돈을 더 사랑하고 더 많이 벌고 싶어 한다는 것을 알고 있다.

질문자의 관심은 예수님이 지상에서 활동하실 당시 유대 사회의 가치관이다. 유대인들은 사실 영생이란 표현을 써도 그리스인들의 영생 개념과 다르게 생각한다. 플라톤은 사람이 죽는 것을 부정하지 않았다. 누구나 죽는다는 사실을 목도하기 때문이다. 그러나 그렇게 생각을 하고 느끼는 인간이 죽었다고 해서 모든 것이 사라진다고 보기엔 너무 애석하다. 그래서 몸은 죽어 썩어가지만, 죽는 순간 영혼은 그 몸에서 빠져나와 자유롭게 활보한다는 생각까지 했다. 학자들은 플라톤의 생각을 '영혼불멸설'이라 명명했다.

조선의 유교에서도 학자들은 종교 같지 않아 보이는 유교사상에 종교적인 내용을 첨가한다. 조선인들도 사람이 죽는다는 것을 부정할 수 없었다. 누구나 죽는다. 불교에서는 인간의 삶을 하나의 법칙처럼 인정한다. 가령 살아 있는 모든 존재는 죽게 되어 있고(생자필멸生者必滅), 만난 자는 반드시 헤어지게 되어 있다(회자정리會者定離)고 말이다. 유교는 불교의 이 법칙 어린 정언에 만족하지 않고 영생에 대해 다음과 같이 가르친다. 약간 플라토닉한 점도 있다. "모든 사람은 죽어 육체가 썩어버리지만, 자손이 제사를 드리는 동안 영생하는 것이다"(이길영, 『세계 종교 이야기』 참조). 그래서 유교에서 말하는 영생이란 자손을 낳아 대가 끊어지지 않도록 하는 것이다. 증손자까지 보고 죽으면 적어도 3대가 유지되는 동안 영생하는 것이다.

　　유대교도 유교와 비슷한 점이 있다. 유대인들도 사람이 죽는다는 사실을 인정할 수밖에 없다. 그래서 그들은 영혼 불멸 같은 생각은 하지 않는다. 누구나 죽는다. 그러나 여한 없이 건강하게 살다가 죽으면 그것을 영생으로 보았다. 에녹서에서 전하듯이 "의인은 1,000명의 자손과 함께 평안히 하늘을 바라본다"고 하는데, 1,000명의 자손은 과장된 표현이 아니라, 자녀 10명을 낳아 건강하게 다 살고 모두 결혼해서 자녀를 10명씩 낳으면 손자대에서 100명이 된다. 그다음 증손자대에 이르면 1,000명이 되는 것이다. 즉, 증손자까지 보고 죽으면 영생인 것이다. 그 이전에 죽는 건 좀 아쉽다고 생각했던 것 같다.

예수에게 다가와 영생에 대해 물었던 이 사람이 그리스인이 아니라 유대인이었다는 것은 그 다음 대화 내용에서 알 수 있다.

예수님은 질문하는 이 사람의 질문을 순순히 받아들이지 않는다. 첫째, 무슨 의도에서인지 알 수 없지만 예수를 향해 "선한 선생님이여"라고 부르는 걸 거절한다는 점이다. 그리고 매섭게 물리친다. "네가 어찌하여 나를 선하다 하느냐 하나님 한 분 외에는 선한 이가 없느니라." 이건 완전한 거절의 말씀이다. 질문자의 아부성 발언을 전적으로 물리치신다. 내 주변의 누군가가 나에게 선하다고 말해주면 나는 "사람 잘 보셨습니다"라고 즐거이 응할 텐데 말이다.

질문자의 의도를 아시는 듯 예수님은 유대인이라면 다 알고 있는 사실을 말해준다. "네가 계명을 아나니…" 예수 당시 유대인들에게 영생이나 구원에 대한 관심은 현대 한국 사회에서 부유함에 대한 관심만큼이나 지대했다. 현대에 사는 우리가 부를 축적하는 방법을 알고 있듯이 그들도 당시 모든 사람의 관심인 영생이나 구원을 얻을 방법을 알고 있었다. 즉, 그들이 영생이나 구원에 대해 관심을 갖는다면 당연히 하나님이 주신 계명을 생각한다. "구원은 의인들에게 주어지는데, 의인이란 하나님의 뜻대로 행하는 자이다. 하나님의 뜻은 성경에 기록되어 있다"고 보고, 가장 간결한 형태의 계명으로 십계명을 생각한다. 이 이야기에서는 십계명 중에서도 인간 사이의 관계에서 지켜야 할 제5계명부터 제10계명이 언급된다. "네가 다 아는 바와 같다"고 응답하신 것이다.

3. 어여삐 보시는 예수의 지적

1) 질문자는 이미 답을 알고 있다. - 자랑? 확인?

예수의 답변을 듣자마자 질문자는 기다렸다는 듯이 얼른 대답한다. "그것은 내가 어려서부터 다 지켰나이다." 질문자는 몰라서 묻는 것이 아니었다. 거의 모든 유대인은 알고 있다. 영생이나 구원을 얻으려면 하나님 뜻대로 살면 된다고. 하나님의 뜻은 하나님이 주신 계명에 들어 있으므로 성경대로 살면 된다고. 현재 살기 힘든 세월을 보내는 사람들은 구원에 대한 관심이 많다. 한국교회에서는 어떻게 가르쳤는지, 구원이나 영생을 차안이 아니라 피안에 있다고 생각하는 기독교인이 많다. 그러나 예수 당시 유대인들은 그것이 죽어서 얻는 것이 아니라 살아 있는 동안 경험하는 것으로 생각했다.

그렇다면 질문자의 질문은 몰라서 묻는 것이 아니다. 자신이 영생할 당연한 인물로 확인받고 싶었던 걸까? 아니면 자랑하고 싶었던 걸까? 이 사람은 영생을 어떻게 하면 얻을 수 있는지 잘 알고 있다. 그리고 계명을 잘 지키고 있는 부유한 사람이다. 부유한 사람은 건강하게 잘살 가능성이 가난한 사람보다 높다. 어쩌면 그는 지금 누리고 있는 부유함이 계명을 잘 지키고 살아온 결과라고 신에게 감사드리며, 영생도 당연히 뒤따를 것이라고 예상할 것이다.

한국교회에서 많은 교인이 나는 예수 잘 믿어서 부자로 살고, 자식들도 명문 대학 나와 삼성이나 현대 같은 대기업을 다닌다고 자랑하는 것과 유사하다는 생각이 든다.

이런 가치관 속에서 생길 수 있는 오류는 바로 이것이다. 누군가 가난하거나 병이 들거나 어려운 일에 시달릴 때 그들을 돕고 함께하려 하기보다는, 오히려 나의 부유함과 다르다는 이유로 저들은 예수를 믿지 않았거나 하나님 뜻대로 살지 않았기 때문에 저주받은 것이라 여기고 가르치고, 자신들과 분리하는 것이다. 예수 당시 많은 유대인이 이런 가치관을 바탕으로 가난하고 병든 사람들을 사회에서 몰아내고 더욱 심한 저주를 퍼부었다. 이것이 하나님의 뜻과 배치되는 일인데도 그들은 자신들이 계명을 잘 지켜 복받았다고, 영생은 맡아놓았다고 하면서 신이 진정으로 원하는 일에서 멀어져갔다. 이것은 호세아가 알려준 대로 "나는 제사를 원하지 않고 인의를 원하노라" 하는 신의 뜻과 멀고 먼 행위이다.

신은 가난한 자나 병든 자나 장애인이나 부자나 예쁜 사람이나 똑똑한 사람이나 차별하지 않는다. 모두 그의 피조물이기 때문에 모두가 건강하고 행복하기를 원하신다. 그러므로 부자가 가난한 사람을 업신여기거나 건강한 사람이 병든 사람을 죄 지은 게 있으니 하나님이 벌하시는 거라고 생각하고 말하고 저주하는 것은 진정 신의 뜻이 아니다. 십계명을 다 잘 지켰다고 해서 영생이 보장된 것은 아니다. 예수가 어여삐 보신 것은 그가 잘하고 있기 때문이 아니다. 스스로 그 계명은 어려서부터 다 잘 지켰다고 말하는 그의 자부심 안에서 모순을 보았기 때문에 미소를 지은 것이다.

2) 네게 부족한 것 하나

예수가 질문자의 답변을 듣고 미소 지으며 "네게 한 가지 부족한 것이 있으니"라고 지적한 사항은 사실 우리의 기대를 뒤집어놓는 수준의 말씀이다. 이 질문자는 자기가 계명을 잘 지켰고 부유함도 그 결과로 주신 하나님의 은총으로 여기고 영생할 수 있는 기반이라고 여겼을 수 있다. 재물이 많으니, 자신도 건강하게 잘 먹고 잘살고, 자기 자손대에도 잘살고, 손자대에도 잘살 수 있도록 더 재물을 모을 것이다. 그들이 생각한 영생이 우리가 생각하듯 죽은 다음 피안의 세계에서 누리는 것이 아니라는 점을 염두에 두어야 이해하기 쉽다.

질문자는 몰라서 물은 게 아니라 확인받고 싶어서 물은 듯하다. 어쩌면 신의 계명을 잘 지켜 복 받은 자신의 부유함을 자랑하고 싶었는지도 모른다. 그러나 인간의 기대를 후려치는 예수의 말씀은 "네게 한 가지 부족한 것이 있으니 네 가진 것을 모두 팔아" 네가 계명을 지키지 않아 가난하다고 여기는 그들에게 주라는 것이다. 그가 영생의 밑거름으로 생각한 재물을 다 팔라는 것은 그가 그때까지 품고 있던 모든 가치관을 전복하는 것이다. 예수의 메시지는 가벼운 것이 아니다. 우리의 삶을 총체적으로 흔들어놓고 뒤엎어버린다. 이 이야기의 질문자는 슬픈 기색을 띠고 근심하며 돌아간다. 예수의 지시를 따른다는 것은 싯다르타가 그의 삶의 기반이 되는 왕궁을 떠나는 것과 같고, 예수의 처음 제자들인 세배대의 아들인 야고보와 요한처럼 아버지와 직업을 버리고 떠나는 것과 같다. 지금까지 나를 건강하게 지켜온 모든 가치관과 생활 습관, 재산 그 어떤 것에도 영생의 보장은 없다는 것, 내가 지금 신의 뜻에 맞게 완벽하게 살고 있다고 자부할 때라고 혹시 '내게 부족한 것 하나가 있지 않을까 돌아보는 것'이 진정 신의 뜻을 생각하고 신의 뜻대로 살고 있다는 사람들이 가져야 할 태도인 것이다.

4. 나가며

필자는 이 이야기에 나오는 사람처럼 부자는 물론 아니지만, 나도 이 사람처럼 어려서부터 신의 뜻대로 살고자 했고, 그렇게 살았다. 살아가는 일은 언제나 힘들었지만 내면적으로 신과의 내통함으로, 신의 뜻대로 산다는 자부심으로 흔들리지 않고 불의와 타협하지 않고 살아왔다. 하나님이 주신 한 생명을 건강하게 지키기 위해 섭생과 운동에도 신경 쓰며 삶을 유지해왔다. 하지만 작년 어느 날부터 그동안 유지해왔던 삶이 무너지고, 나는 신에게 질문을 던졌다.

고난이 깊으면 은혜가 깊은 법인데, 신은 제게 무슨 은혜를 베푸시려고 이토록 심한 고통을 주시나이까? 학문으로나 인격으로나 그렇게 강도 높게 훈련시키신 것으로 충분하지 않으십니까? 저를 얼마나 더 훌륭하게 만드시려고 이런 고난을 주시나이까?

이 질문에 신은 내게 이 말씀을 주셨다. "네게 한 가지 부족한 것이 있으니…." 내게 부족한 것은 재산도 아니고 학문적 지식도 아니고 문화적 가치도 아니고 인간에 대한 예의도 아니고, 단 하나 '병든 자에 대한 공감'이 약했던 것이다. 나는 거절하지도 못하고 근심하지도 못하고, 신이 행하시는 역사를 겪고 있다. 내가 아프고 나서야 비로소 아픈 사람들이 왜 아픈지, 어느 정도 아픈지 알게 되었다. 수십 년간 관리해오던 이 몸과 마음이 무너지니… 내게 부족한 것이 무엇이었는지 여실히 알게 되었다.

많은 암 환자가 암 진단을 받을 때 이런 생각을 한다고 한다. "아니 내가 왜? 내가 무슨 죄를 지었다고?" 이런 생각은 환자 자신만이 아니라 환자의 가족에게도 든다. 왜 사람들은 병과 죄를 연결할까? 유대 사회에서 그랬던 것처럼 병을 죄의 대가라고 여긴다면, 가난을 신이 주신 벌이라고 여긴다면, 종교는 이미 신의 이름으로 악을 행하고 있는 것이다.

필자의 진단을 알게 된 의사 친구의 한마디가 내게 크게 위로가 되었다. "요즘 암은 감기 같은 거예요. 누구나 걸릴 수 있고, 누구나 치유될 수 있죠." 가난하거나 병이 들거나 가까운 사람과의 이별로 외롭게 지내거나… 어떤 사유로든 지금 현재 고난을 당하는 사람을 생각하고 함께 살려고 하는 행위가 바로 신의 뜻이다. 문자 그대로 계명을 지켰다고 해서 다가 아니다.

이 이야기의 결론은 사실 27절에 나온다. 영생은 내가 노력해서 얻는 것이 아니라 신에게서 온다. "사람으로는 할 수 없으되 하나님으로는 그렇지 아니하니 하나님으로서는 다 하실 수 있느니라"(막 10:27).

선지자가 자기 고향과 친척과 자기 집 외에서는

안식일이 되어 회당에서 가르치시니 많은 사람이 듣고 놀라 이르되 이 사람이 어디서 이런 것을 얻었느냐 이 사람이 받은 지혜와 그 손으로 이루어지는 이런 권능이 어찌됨이냐 이 사람이 마리아의 아들 목수가 아니냐 야고보와 요셉과 유다와 시몬이 형제가 아니냐 그 누이들이 우리와 함께 여기 있지 아니하냐 하고 예수를 배척한지라 예수께서 그들에게 이르시되 선지자가 자기 고향과 자기 친척과 자기 집 외에서는 존경을 받지 못함이 없느니라 하시며 거기서는 아무 권능도 행하실 수 없어 다만 소수의 병자에게 안수하여 고치실 뿐이었고 그들이 믿지 않음을 이상히 여기셨더라 이에 모든 촌에 두루 다니시며 가르치시더라(막 6:2-6).

1. 들어가며: 존경받는 일

대부분의 사람이 동의겠지만, 한국인들은 유독 명예를 중시한다. 요즘 젊은이들 사이에선 '소확행'(일상에서 느낄 수 있는 작지만 확실하게 실현 가능한 행복)이란 말을 창조하면서까지 예전 사람들이 명예심 때문에 개인의 행복을 희생하는 것들을 물리쳐 보려고 한다. 이러한 새로운 현상을 제외하면 여전히 한국인들은 명예 때문에 하고 싶은 일을 못 할 때가 많다. 누군가가 못되게 굴 때 욕이 나와도 참고, 배우자로 인해 이혼하고 싶어도 체면 때문에 못 하고 속 썩다가 암에 걸리기도 한다. 욕을 해봤자 욕하는 자신만 부끄러운 인간이 되고 이혼을 하면 가정파탄자라고 손가락질당할까 두

렵기 때문이다.

어떤 관점에서 보면 명예를 지키고 싶은 마음은 존경을 받고 싶은 마음이다. 그런데 이러한 욕망은 남 보기에 좋은 삶, 남들이 훌륭하다고 여기는 위선적인 삶이 되기 쉽다. 자신의 내면이 원하는 삶이 아니라 남들이 만들어놓은 기준에 맞추어 살면서 칭찬받고 싶은 마음으로 살아가는 비본질적인 삶이기 때문이다.

물론 누구나 존경받고 싶다. 남들이 자랑스럽게 여기는 인물이 되고 싶다. 그런 마음이 강하면 강할수록, 남에게 칭찬을 받으면 받을수록, 자신이 원하는 것이 무엇인지 모르거나, 행여 안다고 해도 참거나 아니면 자신을 속이고 남들 눈에 좋은 사람으로 비치려고 하는 위선자의 모습을 띠기 쉽다. 진정한 삶을 산다면, 옳은 것을 옳다 하고 그르다면 아니라 해야 하는데, 그러다가는 어른에게 대든다, 기존 질서를 무너뜨린다 하며 야단을 맞고 기존 사회에 한자리 얻기가 어렵다. 그래서 우리가 개혁을 외치고 공정을 외치지만 정작 불공정한 일에 부딪히면 바른말을 못 하고 불의한 자들에게 편승하기 쉽다. 그런 이유로 적폐 세력이 제거되지 못하고 지속되는 것이다.

이번 예수님의 말씀은 좀 슬프다. "예수 잘 믿으면 성공합니다", "예수 잘 믿으면 부자됩니다." 이런 메시지로 교인을 불러 모은 한국교회가 이러한 예수님의 말씀을 어떻게 소화할지 적잖게 염려된다.

2. 예수는 신화가 아니다

신학자 불트만은 1960년에 "역사적 예수와 그리스도 선포의 관계"(*Das Verhältnis der urchristlichen Christusbotschaft zum historischen Jesus*)라는 논문을 발표했다. 독일뿐만 아니라 전 세계가 들썩였다. '예수 그리스도'라고 부르던 그를 둘로 나누어놓았다고 교계에서는 비난을 넘어 이단이라고까지 난리가 났다. 1960년에 발표한 논문만이 아니라 이미 1941년에 발표한 "신약성서와 신화 (Das Neue Testament und Entmythologisierung) — 신약성서적 선포의 탈신화화 문제로 시작된 비신화화('탈신화화'라고도 번역되었다)" 논쟁에서부터였다. 많은 학자가 역사적 예수, 다시 말하면 역사적으로 증명할 수 있는 수준의 인간 예수의 감성, 삶의 모습을 찾아보려고 애쓰고, 불트만 자신은 그 모습이 얼마 되지 않는다고 못박고 역사적 예수 탐구의 불가능성을 말하기도 하였다.

불트만이 확정한 역사적 예수의 모습으로는 1) 예수는 유대인이었다, 2) 예수는 하나님 나라에 대해 가르쳤다, 3) 예수는 놀라운 이적을 많이 행했다, 4) 예수는 당시 유대 기득권자들이 분노할 만한 이야기를 많이 했다, 5) 예수는 십자가에 달려 죽음을 맞이했다 정도이다. 그리고 역사적으로 증명할 수 없는 것들은 신화라고 정의하고 신화는 신앙의 눈으로 그 의미가 무엇인지 해석해야 한다고 주장했다. 그에게 신화란 가령 1) 예수는 부활했다, 2) 예수는 구름을 타고 다시 오실 것이다, 3) 하나님은 하늘에 계시다 등이다. 이런 이야기들은 역사적으로 증명할 수 없고 오로지 신앙의 눈으로 바라볼 수 있을 뿐이라는 것이다. 그리고 예수는 지상에서 활동하던 한 유대 남자의 이름으로 역사적 인물인 반면, 원래 칭호인 그리스도가 예수 이름과 결탁하면서 역사적 예수에게 여러 신화가 채색되었다고 주장했다.

그런데 필자가 보기에 그리스도(Χριστος)라는 헬라어는 히브리어 '메시아'(משׁיח)의 번역어이고, 유대인들에게 메시아는 전혀 신화적인 인물이 아니라 지극히 인간 중의 인간이다. 메시아는 '기름 부음을 받은 자'라는 뜻이고, 기름 부음은 왕이나 대제사장이 받는 것이다. 즉 메시아, 그리스도는 신화적 존재가 아니라 왕이나 대제사장과 같은 정치적 지도자, 종교적 지도자인 것이다. 그것이 종말론적 기대와 함께 등장한다 하더라도. 역사와 신화를 나누기 위해 예수와 그리스도를 분리한 것은 그리 탁월한 선택은 아닌 것으로 보인다.

우리 시대에도 가끔 누군가를 신화화하는 것을 보곤 한다. 수년 전 필자는 노무현 대통령이 사망한 후에 노무현의 일생에 관한 전시회를 본 적이 있다. 대통령까지 지낸 분이지만 그의 일생에 관해 잘 알지 못했다. 그 전시회를 통해서야 비로소 대단히 훌륭하신 분인 것을 알게 되었다. 그 당시 누군가에게 이러한 경험을 이야기했더니 그의 반응이 한 마디로 나를 놀라게 했다. "신화화 작업이죠!" 그때는 신화화 작업이 뭔지 몰라 말을 못 했지만 지금은 말할 수 있다. 신화가 아니었다고.

현재 살아 있는 존재가 스스로 자신을 신화화하는 경우도 있다. 부모의 이름과 재산, 사회적 지위, 태어나고 자란 지역, 출신 학교와 친구 관계를 명확히 밝히면 사람들은 그 사람을 이해하기 쉽다. 예전 이야기지만, 드라마 〈겨울연가〉로 한창 유명해진 '욘사마'(배용준)가 자신의 신상에 대해 아무것도 밝히지 않자 사람들이 그를 더욱 신비하게 여긴다며, 배용준이 자기 자신을 신화화하고 있다고 어떤 기자가 지적한 적이 있다. 그렇다. 누군가가 그를 이해할 수 있는 역사적 근거를 불투명하게 하고, 그가 행한 놀라운 일들을 전하면서, 그를 신비하고 이 세상 사람 같지 않게 뿌옇게, 신기를 가진 자로 만드는 것이 신화화이다. 그렇게 보면 예수의 경우는 살아생전부터 그 부모의 이름과 직업, 형제자매들의 이름도 다 알려져 있었다. 오히려 예수보다 바울이 모호한 게 더 많다. 바울은 자신의 이름을 밝혀가며 많은 편지를 썼지만, 정작 그의 아버지가 누구인지, 아버지의 직업이 무엇인지, 어머니는 누구인지, 형제자매가 있었는지조차 전혀 알 길이 없다. 반면 예수는 활동할 당시에 이미 부모의 이름과 직업, 형제들의 이름이 알려져 있었다. 예수는 역사적 인물이지 결코 신화가 아니었다.

3. 위대한 역사는 믿고 존경할 때 이루어진다

예수께서 지상에서 활동하실 때 놀라운 기적도 행하시고 다른 사람에게서 볼 수 없는 놀라운 가르침도 많이 전하셨다. 요즘말로 하면 영향력 있는 존재였다고 할 수 있다. 안식일에 회당에서 가르치신 내용도 많은 사람이 듣고 놀랐다. 예사 사람과 다르게 느꼈기 때문일 것이다. 사람들은 예수의 가르침을 듣고 말한다. "이 사람이 어디서 이런 것을 얻었느냐 이 사람이 받은 지혜와 그 손으로 이루어지는 이런 권능이 어찌됨이냐"(막 6:2).

이 말의 뜻은 예수의 가르침이 예사롭지 않다는 것, 좀더 정밀히 말하자면 그의 가르침에서 신적인 권위를 보았다는 것이다. 그러면서 자신들이 느끼는 예수의 비범함을 애써 부인하고자 한다. 사실 예수의 비범성을 인정하기는 쉽지 않았을 것이다. 그럴 때 집안을 들먹이고 직업으로 사람을 평가하려고 한다. 현대 자본주의 사회에서는 그 사람의 재산으로 평가하기도 한다.

물론 사람들은 나중에 그를 '하나님의 아들'이라고 명명했다. 한 인간을 하나님의 아들로 보는 견해는 사실 히브리적 사유보다는 그리스적 사유에서 더 쉽게 관찰된다. 제우스가 그 많은 신뿐만 아니라 인간도 낳았다는 이야기가 가능한 사회이다. 누군가 다른 사람과 비교할 수 없는 힘을 지녔거나 탁월한 미모를 지닌 사람에게 신의 자녀라고 붙여주었던 것이다. 아테네의 왕 아가멤논이나 스파르타의 왕 메넬라오스 같은 권력자들에게 신의 아들이라는 이름을 붙여주고, 트로이 전쟁의 원인을 제공한 세계 최고의 미인 헬레네를 신의 딸이라고 부르는 것이다.

예수가 하나님의 아들이라는 이해는 하나님의 가장 측근, 그의 아들이 아니고서야 하나님의 뜻을 그토록 정확하게 파악할 수 있겠는가 하는 초기 그리스도인들의 내적 성찰의 결과로 볼 수 있다. 필자는 예수의 탁월한 가르침은 그의 천재성에서 기인한다고 여긴다. 교회는 교회의 성립과 유지를 위해 예수의 가르침에 신적 권위를 부여했지만, 예수의 말을 퇴색시키기도 했다. 예수의 말대로 가르치기에는 교회의 현실이 너무나 세속적이기 때문이다. 심지어 예수의 말이나 행동에 대한 평가는 이미 예수께서 활동하실 때부터 사람들이 이해하지 못하고, 스스로 잘난 체하는 인물이라고, 그의 부모와 형제자매를 잘 알고 있는 사람이 많았다는 식으로 평가절하하려는 말들이 있었다. 그의 인적 사항도 우리가 다 알고 있는 것 아니냐?

우리가 누구에 대해 잘 안다고 자만할 때부터 우리의 계획은 어긋나기 쉽다. 우리의 자만심으로, 탁월한 천재를 알아보지 않으려는 경향이 강하다. 이 본문에서 사람들이 그런 것처럼 '예수를 배척'한다. 그가 누군지 우리가 뻔히 안다고 말한다. 그런 인물이 무슨 큰일을 한다고!!! 그런 뜻이다. 요한복음은 더 노골적으로 이러한 현상을 표현했다. "나사렛에서 무슨 선한 것이 나올 수 있느냐?"

가부장적 사회에서는 어떤 젊은이가 사람들 눈에 띄면 그 사건으로 사람을 평가하지 않고 뉘 집 자제인가를 먼저 묻는다. 그가 명망 있는 집안의 아들이면, 역시 그 집안의 자제라면 믿을 만해. 아버지가 그렇게 훌륭하시니… 하는 식으로 평가한다. 그와 반대로 어떤 젊은이가 의미 있는 발언을 한다 해도 가난한 집이나 명망 없는 집안의 자녀라면 긍정적으로 평가하지 않으려고 한다. 특히 그 발언이 고착된 사회적 인식이나 가치관에 대해 비판적인 내용이라면 더욱 심하다. 예수의 가르침도 그렇고 세례 요한의 메시지도 그렇고 유다와 이스라엘의 예언자들의 발언도 사회를 비판하는 내용이 많다. 그래서 예수께서 사람들의 반응을 보고 예수는 자신을 예언자들과 동일시하셨는지 다음과 같이 발언하신다. "선지자가 자기 고향과 자기 친척과 자기 집 외에서는 존경을 받지 못함이 없느니라"(막 6:4).

포로기 전후 유대인의 역사에서 수많은 예언자가 등장했다. 그들은 거의 사회를 비판하며 등장한다. 신이 원하는 것은 지금 여러분이 행하고 있는 것과 다르다. 전통적인 용어로는 '회개하라'는 것이다. 지금 나아가고 있는 방향과 완전 다른 방향으로 돌아서 가라는 것이다. 회개하라는 메시지를 가난하거나 병이 든 상황에서 들을 때 기존의 생활방식을 버리고 새로운 생활을 기대해볼 수 있기에 회개가 어려운 일이 아니다. 반면 그 사회에서 인정받을 만한 사회적 지위와 부를 가진 사람이라면 회개가 쉽지 않을 것이다. 부모와 형제를 굳이 언급하면서까지 예수를 배척하는 것을 보는 예수로서는 고향을 떠나면, 친구와 함께라면, 친척이 아니라 제자라면, 자기 집을 떠나면 인정받을 것을 기대했으리라.

깨달음을 얻기 위해 부처도 자기를 사랑하는 아버지와 아내를 두고 집을 떠났다. 예수도 경험한다. 자신이 행하는 말과 행위들은 모두 신에게 가까이 갈 수 있도록 신의 뜻을 올바로 파악하여 전하는 것이다. 예전의 선지자들이 나타나 신의 뜻을 전할 때 사람들이 바로 회개하기는커녕, 오히려 듣기 괴로워 아예 죽였던 것을 예수는 알고 있었다. 예수는 유대인으로 태어나 유대적 가치관 안에 있었지만, 그의 가르침은 유대교의 모순을 지적하는 것이었다. 그러니 유대 기득권자들에게는 도전일 수밖에 없었을 것이고, 자신들의 안정을 위해 예수를 배척할 수밖에 없었을 것이다.

사람들이 인정하지 않는다면 탁월한 가르침도 의미가 없다. 작곡가 친구가 하는 말이다. 자신이 아무리 위대한 작품을 작곡한다 해도, 연주가들이 선택해 연주해주지 않는다면 자신의 곡은 쓰레기통에 들어가게 된다고. 필자도 강의를 해보면 느끼는 게 있다. 청자들이 진지하게 경청하면 준비한 것보다 더 많은 이야기를 해주게 되고, 그렇지 않는 곳에선 준비해놓은 것도 다 하지 않게 된다. 강연이나 강의나, 청자와 화자가 한마음으로 호흡할 때 쌍방에게 유익한 시간이 되지 그렇지 않으면 서로 피곤하고 의미도 없다. 예수의 능력도 믿지 않는 사람들에게는 의미가 없다.

작곡의 경우는 연주자가 선택해야만 살아 있는 음악이 되어 전달이 되는 것이 맞다. 그러면 연주자들이 만족할 만한 곡을 만들어야 한다고 생각이 들 것 같다. 그런 의식을 가지고 작업을 한 사람들 중에는 당시 세상 사람들이 만족할 만한 글을 써서 베스트셀러 작가가 되는 사람도 있고, 살아 있을 때부터 천재적인 재능을 인정받고 살아가는 미술가도 있다. 알려진 화가로는 그 유명한 피카소나 렘브란트를 언급할 수 있다. 반면, 살아생전에는 한 작품도 팔지 못했지만 사후에 작품성을 인정받아 작품이 고액으로 팔리는 경우도 있다. 고흐가 대표적이다. 베스트셀러 작가들의 작품들을 읽어보면 좋은 책이라는 평가를 하기 어려운 적도 많다. 진짜 좋은 책은 대중적이지 못해 많이 팔리지 않을 수도 있다.

4. 나가며: 많은 위인은 그 시대에 외로웠다

사람들은 보통 이렇게 말한다. 살아생전에 천재적 작가나 훌륭한 분으로 알려진 사람들은 시대정신을 잘 파악하고 그에 합당한 것을 잘 표현한 것이라고. 피카소가 대표적인 인물이라 하겠다. 우리나라의 여러 유명 작가나 영화감독 중에도 그런 분들이 있다. 현실과 성공에 대한 탁월한 능력과 감각을 지니고 있다고 볼 수 있다. 반면 살아생전에는 동시대 사람들에게 배척을 당하고 인정받지 못하다가 사후에 유명해지는 분들도 있다. 유대 역사에 나타났던 예언자들이나 예수와 같은 분들이다. 나중에야 비로소 인정받는다. 이런 분들은 다음과 같은 사람들로 평가된다.

1) 그들은 시대정신보다 앞서갔다. 즉, 당시 시대정신을 비판하고 그 나름대로 발휘한 창조가 당시 사람들에게는 이해받지 못하고 나중에 가서야 비로소 인정받기 시작했다. 어느 영역이든 선지자 역할을 하는 사람이 있다는 것이다. 남보다 앞서가기 때문에 아무에게도 인정받지 못하고, 이해해주는 사람이 없어 외롭게 지내며, 사회에 적응 능력이 없어 미칠 수도 있다는 것이다. 천재적인 작가들은 종종 이렇게 평가된다. 화가 고흐나 러시아의 예세닌

같은 시인이 이에 속한다. 예수도 이에 속할까?

2) 시대정신이 악하고 잘못된 것을 알고 올바로 전하는 경우이다. 유다와 이스라엘에 등장했던 예언자들은 시대를 앞서가서 희생을 당했다기보다는, 그 당시 권력에 저항하기 때문에 희생당한 경우이다. 즉, 사람들이 올바른 판단을 하지 못하고 특히 신의 뜻을 수행한다고 하면서 신의 뜻에 어긋나는 행위를 하게 되는 것을 안타깝게 여기고, 그들이 생각하는 것과 다른 의견을 제시하는 것이다. 혁명가들이 이에 속할 것이다. 과거의 낡은 풍습을 전복하고 새로운 세상을 만들어보고 싶은 사람이 시도하는 것이 이에 속한다. 과거를 뒤집어놓고 새로운 세상을 만든 사람은 혁명가로 불리고, 실패한 사람은 반란자로 불린다.

성공하지는 못했지만, 예수가 지녔던 비전과 그의 행동을 보고 예수를 혁명가로 여기는 사람도 있다. 예수의 가르침이 불편한 사람들은 기득권자들이다. 현재 누리고 있는 것이 있는 기득권자들은 사회가 바뀌는 것이 두렵다. 가진 것의 상실을 두려워하기 때문이다. 반면 현재 누릴 것이 없는 가난한 사람들은 세상이 바뀐다면 희망을 가져볼 만하다.

필자가 생각하는 예수는 이 둘 다에 해당한다. 예수는 시대가 잘못되고 있음을 느꼈다. 사람들이 신의 뜻을 행하고 있다고 자만하면서 오히려 신의 뜻과 반대 방향으로 가는 것이 안타까웠다. 예수는 지금 활동하시는 하나님의 역사를 보여주고 싶지만, 저들은 오히려 그런 말을 하는 예수를 얕보고 자신들이 올바르다고 주장한다. 그런 사람들 앞에서는 예수의 천재적인 기질이 나타나기 어렵다. 알아주는 사람 앞에서는 저절로 나의 능력이 나타나는 법이다.

예수 당시 사람들 중에도 예수의 말씀을 잘 듣고 감동받아 새로운 세상을 기대한 사람들도 있었지만, 예수의 말씀을 불편하게 여기다 못해 아예 그 입을 막거나 더 나아가 죽이고 싶어 하는 사람도 있었다. 마가복음에는 예수가 하나님의 뜻과 관련하여 옳은 말을 했을 때, 죽이고 싶은 마음이 드는 당시 지도급 인물들이 언급된다.

> 그들에게 이르시되 안식일에 선을 행하는 것과 악을 행하는 것, 생명을 구하는 것과 죽이는 것, 어느 것이 옳으냐 하시니 그들이 잠잠하거늘 그들의 마음이 완악함을 탄식하사 노하심으로 그들을 둘러보시고 그 사람에게 이르시되 네 손을 내밀라 하시니 내밀매 그 손이 회복되었더라 바리새인들이 나가서 곧 헤롯당과 함께 어떻게 하여 예수를 죽일까 의논하니라(막 3:4-6).

안식일을 지킨다는 명목으로 사람이 죽는 것을 방치하는 유대인들의 자부심을 혐오하고, 그것이 잘못되었다는 것, 생명을 살리는 것이 안식일의 진정한 의미이며 하나님 뜻이라고 말하는 예수는 그렇게 함으로써 당시 기득권자들의 표적이 되었다. 한국의 많은 교계 지도자들이 세상의 잘못된 것에 대해 예수처럼 정면 도전하지 않고, "그러한 의견도 어떤 의미에서 말씀하시는지 충분히 이해합니다만, 이렇게도 생각해보실 수도 있지 않을까요?" 하는 식의 아부성 발언을 마치 예의를 차리는 것으로 착각하는 사람들이 있다. 그들을 보면 이 시대의 바리새인 같은 느낌이 든다.

필자는 『예수』, 『역사적 예수』, 『예수의 비유』 등의 책으로 한국에 잘 알려진 미국의 가톨릭 학자 크로산이 말하는 혁명가 예수에는 동의하지 않는다. 그가 파악한 대로 예수는 시대가 잘못되었다는 걸 인식했지만, 세상을 전복하려고 시도했다기보다는 이미 세상은 변하고 있다고, 하나님이 이미 인간의 구원을 위해 일하고 계신다고 확신하에 행동했다. 이미 전복은 이루어지고 있고, 그것은 하나님이 하시는 일이기에 우리가 그러한 사실을 인정하고 그에 합당한 삶을 살면 된다는 것이 예수의 생각이었다. 혁명을 시도한 사람이라기보다는 하나님의 구원 활동을 알린 예언자였고, 그러한 사실을 인정하고 싶지 않은 기득권자들에 의해 배척당했다고 할 수 있다. 그러므로 예수가 외로웠던 이유 두 가지가 모두 해당한다. 지금 이 시대에도 하나님의 뜻을 올바로 파악하고 진리에 합당한 삶을 사는 사람들은 외로울 수밖에 없다. 시대가 악하기 때문이다.

기쁜 소리 20

엘리 엘리 라마 사박다니

제구시에 예수께서 크게 소리 지르시되 엘리 엘리 라마 사박다니 하시니 이를 번역하면 나의 하나님 나의 하나님 어찌하여 나를 버리셨나이까 하는 뜻이라(막 15:34).

I. 들어가며

이 말씀을 선택하는 데에 조금 망설였다. 『워킹 위드 지저스』에 선택한 예수님의 말씀들은 모두 예수가 들었거나 그의 진정한 말씀으로 모든 학자에게 인정받는 것들이다. "엘리 엘리 라마 사박다니"라는 말은 시편의 인용문이다. 히브리어로 적었기 때문에 더욱 예수의 말로 생각하기 쉽다. 그러나 그 말의 의미를 "나의 하나님 나의 하나님 어찌하여 나를 버리시나이까?"라고 히브리어의 의미까지 밝히니 정말 예수의 말씀인지 의심을 받기도 한다. 하나님의 뜻을 따라 저항하지 않고 십자가 죽음을 선택하신 분이 좌절한 듯한 뉘앙스가 풍기는 말씀을 하셨다는 게 어쩐지 어울리지 않게 느껴지기 때문이다. 하지만 역사적 예수 연구에 매우 비판적으로 접근하시는 분들 중에도 이 구절을 예수의 말씀으로 인정하는 사람도 많다.

이 말씀의 진성성이 내게 의심이 드는 이유는 1) 예수께서 십자가에 달려 계실 때 예수를 추종하던 많은 사람이 이미 도망가고 없었고, 몇몇 여성만 멀리서 바라보고 있었다(막 15:40 참조)는 점, 2) 예수께서 십자가를 지고 지쳐 있는 상태에서 죽음을 맞이하실 때 사람들이 다 알아들을 수 있게 큰 소리를 지르실 수 있었을까 하는 합리적인 의심이다. 마가도 이러한 의심을 생각한 듯 "예수를 향하여 섰던 백부장이 그렇게 숨지심을 보고 이르되 이 사람은 진실로 하나님의 아들이었도다 하더라"(막 15:39)고 표현한다. 다시 말하면, 다른 사람이 듣지 못해도 백부장은 십자가 가까이 있어서 예수의 마지막 말을 들을 수 있었던 증인인 셈이다.

필자는 이러한 합리적 의심에도 불구하고, 죽음 앞에서 이런 말을 할 수도 있다고 보고 예수님의 말씀을 의지하여, 나의 죽음, 우리의 죽음을 성찰해보고자 한다.

2. 죽음 앞에서

지금 살고 있는 사람들, 동물들, 식물들, 벌레들, 생명을 지닌 모든 존재는 언제가 한 번은 죽는다. 죽음을 피해 가려는 인류의 모든 노력이 헛되다는 것은 여러 이야기를 통해 알려져 있다. 진시

황은 불로초를 구하기 위해 사람들을 전국 각지로 보냈어도 삶을 연장할 수 없었다. 전 세계를 제패했던 알렉산드로스도 30세밖에 살지 못했고, 80세에 이스라엘 민족을 이집트에서 이끌어내라는 소명을 받은 모세도 120세에는 죽음을 맞이했다. 90에 약속한 아들 이삭을 얻은 아브라함도 언젠가는 죽었다. 그리스 신화에서도 인간은 죽음을 면치 못하는 존재이다. 영생하는 건 오로지 신뿐이다. 죽지 않으려고 하는 것은 무지의 소치이다. 그리스에서는 한 번 죽는 죽음을 피하기보다는 더 훌륭한 죽음을 선택할 것을 가르친다. 불교에서도 '생자필멸生者必滅'을 삶의 원칙으로 가르친다. 산 자는 반드시 죽는다.

동서고금을 막론하고 죽음을 피할 수 없는 것이 산 자의 운명이라는 지혜를 얻음에도 불구하고, 막상 죽음이 가까이 오면 당황하기 마련이다. 요즘 많은 암환자를 만나게 된다. 암을 처음 진단받으면 대부분의 환자는 이런 질문이 생긴다고 한다. "왜? 내가! 왜 하필 내게 이런 병이 오나?", "내가 무슨 죄를 지었다고 이런 병을…." 암 환자 가족도 비슷한 생각이 든다고 한다. "왜 하필 우리 가정에 이런 병이?", "왜 내 아내에게 이런 병이 생기나?"라는 원망의 말이 올라온다고 한다.

사람이 불행을 당하면 쉽게 이런 말이 나온다. "내가 무슨 죄를 졌다고 이런 불행을…." 정말 말해주고 싶다. 병은 죄의 결과가 아니라는 것. 누구나 병에 걸릴 수 있는 것. 올해 1월에 암 진단을 받았을 때 나는 사실 처음으로 알게 되었다. 암 진단을 받자마자

드는 생각은 "그렇게 아픈 것이 바로 암이구나!"라는 것. 정말 작년에는 지독히 아팠다. 그래도 암이라고는 눈곱만큼도 생각하지 못했다. 그저 과로와 스트레스 때문일 거라고만 생각했다. 의사인 한 친구는 이런 말을 해주었다. "요즘 암은 감기 같은 거예요. 누구나 걸릴 수 있고 다 낫게 되어 있어요." 사실 그렇게 아픈 건 내 생애 처음이었다. 그 말을 해준 의사 친구 덕분에 나는 암에 대해 가벼운 마음을 가지게 되었다. "모든 병은 낫게 되어 있다"는 자기 최면을 걸고, 환우들에게도 꼭 믿으라고 가르쳐준다.

나는 죽음에 아주 가까이 왔다고 담당의가 솔직히 이야기해도 별로 절망적인 생각이 들지 않았다. 예전에 만났던 어떤 분이 암 선고를 받자 이런 생각이 들었다고 말했던 것이 기억난다. "하나님 억울합니다. 제가 뭐 잘못한 게 있다고." 왜 사람들은 심각한 질병에 걸리면 죄를 연상하게 될까? 모든 산 자는 언젠가 죽게 되어 있는 것이고, 그날과 그 시간은 아무도 모른다. 생명을 허락하고 거두어 가시는 것은 오로지 신의 영역, 신의 자유에 속하기 때문이다. 병이 죄의 결과라고 보는 이상한 생각을 이제 그만두면 좋겠다. 죄를 짓지 않은 사람들도 병에 걸린다. 성경에서도 그런 질문이 나온다. 선천적으로 질병을 타고난 사람의 경우, 이 아이의 질병은 누구의 죄 때문이냐고(요 9:1-2). 아직 죄를 짓기 전의 어린 나인데도 질병을 가지고 있는 사람에게는 질병이 죄의 대가라고 보기 어렵기 때문이다. 그 경우 사람들은 대답이 궁색해지자, 본인의 죄가 아니라 조상의 죄가 갓 태어난 아기에게 주어졌다고 해석한다. 한국 샤머니즘에서도 같은 현상을 보게 된다. 그러나 예수는 태어나면서 받은 장애를 죄의 대가가 아니라 하나님의 일을 드러내기 위해서라 하지 않았던가?(요 9:3).

필자의 경우 암 진단을 받은 것은 하나님의 가르침이었다. "그렇게 아픈 것이 바로 암이란다." 물론 암에 대한 지식이 많은 사람은 몸을 체크하면서 조금이라도 이상한 것을 감지하면 혹시 암이 아닐까 의심하고 검사를 받아 일찍 발견하고 쉽게 해결할 수도 있다. 필자는 암과 인연이 없다고 여기며 살았기 때문에(이것이 바로 나의 아둔함이다), 그토록 아파도 암이라고는 조금도 생각지 못했다. 그뿐만 아니라 사춘기 때부터 20대 초반에 신학을 전공으로 공부하기 시작할 무렵부터 "나는 매일 죽노라"는 바울의 고백을 나의 것으로 받아들였기 때문에 죽음을 두려워한 적도 별로 없다.

나의 경험이 이러하기 때문에, 신의 뜻을 그렇게 정확히 알고 계셨던 예수님이 십자가에서 달려 죽으실 때 하나님을 원망하는 듯한 뉘앙스를 풍기는 "엘리 엘리 라마 사박다니"라고 말했다는 걸 받아들이기 쉽지 않다. 그럴 수도 있겠다는 정도로 동의한다.

3. 덧붙은 말들

죽음 전에 "엘리 엘리 라마 사박다니" 이 한마디만 하고 돌아가신 것이 아쉬운지 마태를 제외한 누가와 요한은 몇 마디를 덧붙였다. 하이든의 〈십자가상의 칠언〉이란 성가곡을 들으면 십자가상의 예수가 얼마나 애절한지 느낄 수 있다. 그리고 그 노래를 듣는 사람은 예수께서 마치 일곱 마디 말씀을 하신 것으로 오해할 수도 있다. 마태복음은 마가복음의 이야기를 충실히 따라 그대로 오직 한 마디 "엘리 엘리 라마 사박다니"만 전한다. 누가는 이 말씀이 하나님의 뜻을 올바로 파악한 예수에게 어울리지 않는다고 생각했는지 아예 빼버렸다. 그 대신 십자가상에 매달려 계실 때 다른 십자가에 달린 사람이 예수에게 "당신의 나라에 임하실 때에 나를 기억하소서"(눅 23:42)라고 간청하자 그에게 확신을 주시는 말씀을 본문에 실었다. "내가 진실로 네게 이르노니 오늘 네가 나와 함께 낙원에 있으리라"(눅 23:43)고. 누가에게 예수의 죽음은 낙원으로 가는 길이다.

또 하나의 누가만의 표현이 있다. 누가는 예수의 죽음을 세기말적 현상, 하나님의 심판으로 이해한 것으로 보인다. "때가 제육시쯤 되어 해가 빛을 잃고 온 땅에 어둠이 임하여 제구시까지 계속하며 성소의 휘장이 한가운데가 찢어지더라 예수께서 큰 소리로 불러 이르시되 아버지 내 영혼을 아버지 손에 부탁하나이다"(눅 23:44-45)라는 말씀을 남기시고 숨을 거두신다. 그러나 사실 십자가 가까이에 사람이 없었으니 이런 말들이 과연 진짜로 오고간 줄은 아무도 알 수 없다.

요한복음도 마가복음이 전하는 말 "엘리 엘리 라마 사박다니"란 말이 예수에게 어울리지 않는다고 생각했는지 누가처럼 빼버리고 멋있는 말을 새로 덧붙였다. 요한복음은 자신이 죽고 난 후 어머니를 염려하는 효자로 예수를 묘사한다. 효를 강조하는 한국 사람들이 좋아하는 예수의 모습을 볼 수 있다. 요한의 예수는 십자 가상에서 자신이 죽기 전에 사랑하는 애제자에게 말한다. "보라 네 어머니이다"(요 19:27), 어머니에게는 "여자여 보소서 아들이니 이다"(요 19:26).

다음으로 "목마르다"(요 19:28)는 말씀이다. 십자가에 달렸으니 상식적으로 생각해도 목마른 것은 이해할 수 있다. 그런데도 요한 은 성경 말씀에 응한다고 시편 69편 21절을 인용하는 식으로 표현 했다. 요한복음이 예수의 마지막 말씀으로 기록한 것은 정말 최고 의 경지이다. "다 이루었다." 이 말씀은 인류를 구원하기 위해 하나 님의 뜻을 수행한 사람만이 할 수 있는 표현이다. 마가복음에 나오 는 "엘리 엘리 라마 사박다니"라는 표현으로는 예수의 죽음이 하 나님의 의도에 의해 이루어진 사건으로 이해되기 어렵다고 여기 고 새로운 창조를 이룬 요한의 위대한 업적이라 할 수 있다. 요한 은 예수의 죽음이 하나님의 뜻을 완성한 일이고, 그것을 예수의 입으로 말하게 했다. "다 이루었다."

4. 나가며: 죽음 준비

바울처럼 필자도 "나는 매일 죽노라"며 고백하고, 오늘 죽어도 좋다는 마음으로 살아왔다. 아니, 이미 세상의 가치를 따르지 않 고 예수를 따르는 삶을 살기로 한 날부터 나는 죽은 자로 살아왔다고 말해도 과언은 아니다. 신학적으로는 세례가 그런 의미를 가지고 있다. 세례는 예수 그리스도와 함께 죽는 사건이다. 그래서 그리스도인들은 죽은 자로서 살아가는 사람들이다. 과거에 추구하던 가치관에 대해 죽었고, 예수와 하나님을 향해 사는 존재이다. 그런 신학적 견해를 가지고 이미 죽은 듯 살아온 나에게 암이란 진단은 신학적이 아니라 생물학적인 죽음을 생각하게 하는 사건이었다.

암이라고 진단을 받기 전에 너무 몸이 아파서인지 내 내면에서는 유서를 써야겠다는 욕구를 느꼈고, 묘비명 놀이도 심심찮게 했다. 내가 죽으면 묘비명을 어떻게 써야 할까 글귀를 받는 게임이다. "열렬히 살고 열렬히 사랑했다." 이런 묘비명은 후회 없는 삶이 표현된 것 같다. 이런 묘비명도 받은 적이 있다. "훌륭한 사람들을 주변에 많이 가진 자 여기 잠들다." 이 묘비명도 망자의 삶이 훌륭했음을 짐작할 수 있다. 과연 우리는 죽을 때 어떤 말을 하면 좋을까? 예수가 십자가상에서 했을 법한 말들을 살펴보면서 우리의 죽음을 준비하면 어떨까?

마가복음에 나오는 "나의 하나님 나의 하나님 어찌하여 나를 버리시나이까?"라는 표현에서 나타나듯이 죽음은 과연 우리를 만드신 신께서 우리를 버리시는 사건일까? 아니면 누가복음이 말하는 것처럼 "내 영혼을 하나님께 맡기는" 사건일까? 아니면 요한복음처럼 죽기 전에 남아 있는 부양가족을 제자에게라도 맡기고 가는 책임감 있는 태도를 보이는 것이 올바른 죽음의 자세인가? 아니면 살 만큼 살면서 받은바 소명을 잘 성취한 사람처럼 "다 이루었다"고 고백하는 사람이 되면 좋을까?

나는 죽음을 일종의 작별이라 생각한다. 나를 죽음으로 떠나보내는 남은 자들에게는 그냥 "안녕히! 그동안 당신 덕분에 잘 살았어요. 앞으로 나 없이도 잘 사세요"라고 인사하는 정도면 좋을 것 같다. 나보다 먼저 죽는 사람에게는 "안녕! 그동안 당신 덕분에 잘 살았어요. 감사해요, 안녕히 가세요" 정도면 되지 않을까? 죽음으로 인해 헤어지는 그 당신이 부모든 자식이든, 친구든 연인이든, 지인이든 삶의 반려자이든 말이다. 살고 있는 사람은 반드시 죽을 것이고, 만난 사람은 언제가 헤어질 것이므로. 힌두교인이나 불자처럼 윤회를 믿는다면 이런 말을 덧붙일 수도 있을 것이다. "인연이 닿는다면 다음 생에서 다시 만날 수도 있을 겁니다." 유대교나 기독교, 이슬람교에서는 죽음 다음에 무엇을 기대할 수 있을까? 기독교에서처럼 부활? 예수께서 다시 오실 때 모든 믿는 자는 잠자리(무덤)에서 일어나(살전 4:13-18 참조) 다시 교제하게 될 것이라고 할 것인가? 죽음이란 다시 살아날 때까지 잠잠히 있을 일이고, 부활의 날에 다시 살아나 지금 누리던 교제를 하게 될 것이라면 죽음이 위로가 될까? 잠시 생각해본다.

예수의 십자가상에서 하신 말씀 중에 "항상 기뻐하라, 쉬지 말고 기도하라, 범사에 감사하라"는 바울의 권면(살전 5:16-18)이 하나도 나오지 않는 점이 다행이라 생각한다. 죽음 앞에서 "기쁩니다. 감사합니다"라는 인사는 좀 그렇지 않은가! 쉬지 말고 기도하라는 권면과 유사한 것이 누가복음에 하나 나오는 듯하다. "내 영혼을 주께 맡기나이다" 정도가 바울의 권면과 유사하다고 할 수 있을까? 요한복음의 예수처럼 자신만만하게 "다 이루었다"는 고백은 못 할지라도 하루하루가 인생에 모든 것인 듯이 최선을 다한다면 그날 죽어도 여한이 없지 않을까도 생각해본다. 하루가 모든 것. 오늘 밤 죽어도 여한이 없는 삶!

심각한 고문 후유증으로 고생하던 천상병 시인이 지은 시 〈귀천〉이 생각난다. 그 힘든 삶을 살면서 지난한 인생을 "아름다운 이 세상 소풍"이라고 표현할 수 있다니….

나 하늘로 돌아가리라
새벽빛 와 닿으면 스러지는
이슬 더불어 손에 손을 잡고,

나 하늘로 돌아가리라
노을빛 함께 단둘이서
기슭에서 놀다가 구름 손짓하며는,

나 하늘로 돌아가리라
아름다운 이 세상 소풍 끝내는 날,
가서, 아름다웠더라고 말하리라….